U0819941

Home Training

家庭享“瘦”

健身手册

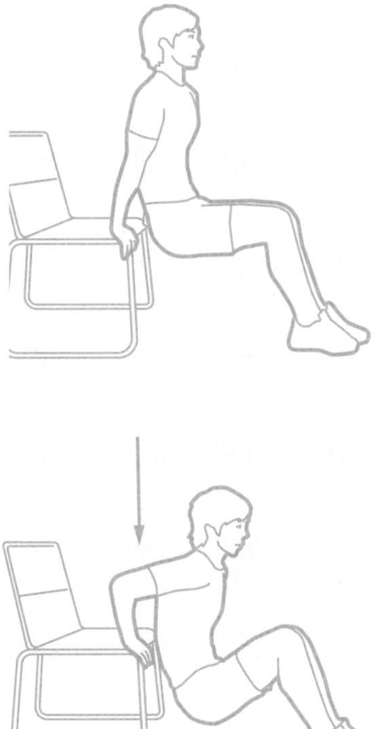

使用家中现有的家具、器材，

不用多花一分钱就能拥有理想身材！

导 读

一听到"肌肉训练"这个词，很多人都会感到"好像很辛苦，总觉得很麻烦啊"。恐怕是因为人们脑中浮现的是费劲地举起沉重的杠铃、俯卧撑或锻炼腹肌那种单调重复的动作吧。

本书针对"肌肉训练恐惧症"或者肌肉训练入门新手，严选出在家里可以进行的、愉快而不会使人厌烦的、相对而言用时短且见效大的训练内容进行介绍。详细的解说放到后面，下面我们先来实践一下。请参照插图所绘的两种动作试着做一下。我认为，哪一种都是看似简单的动作，但是实际做起来的话出乎意料地吃力，这样才能够感受到对肌肉的锻炼。

"平板支撑"只是保持静止，"肘触膝式"是保持站立，它们不仅带给腹肌等同甚至超出一般运动的刺激，还可以综合锻炼核心肌肉、侧腹和下腹。如果既能够简单做到，又能够同时锻炼到好几块肌肉，那么迄今为止一直觉得很麻烦的肌肉训练似乎也可以坚持下去了吧。请活用本书，把肌肉训练从容地纳入日常生活中，无论到什么时候都保持健康、年轻、紧致的体型吧。

从 30 秒开始

平板支撑

保持该姿势 30 秒

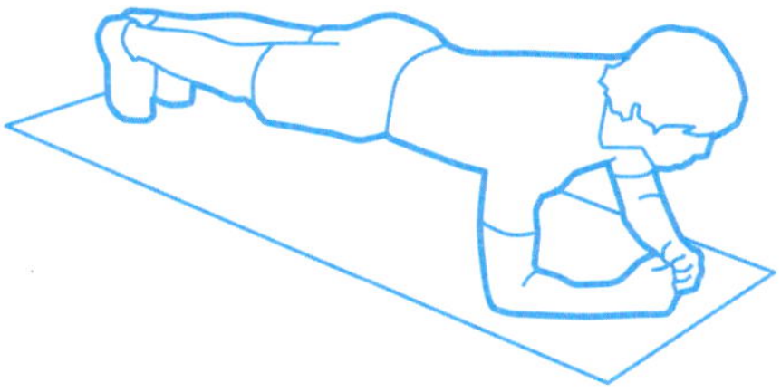

俯卧，双肘双膝触地，双肘支撑地面，抬起双膝，身体保持一条直线。保持该姿势 30 秒静止不动。

肘触膝式

左右交替共 10 次

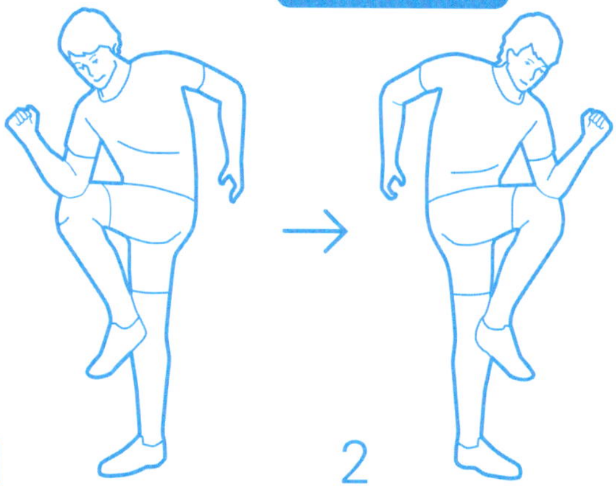

1 两脚与肩同宽，后背挺直保持站立，然后弯曲腰部使右肘和左膝互相靠近直至接触。

2 恢复原站立姿态后，反方向做同样动作。每次动作后上身要挺直，这一点非常重要。

按类型、性格

到达成功的最短路线

让我们确定一下从哪里开始训练好吗？先来测试一下吧。

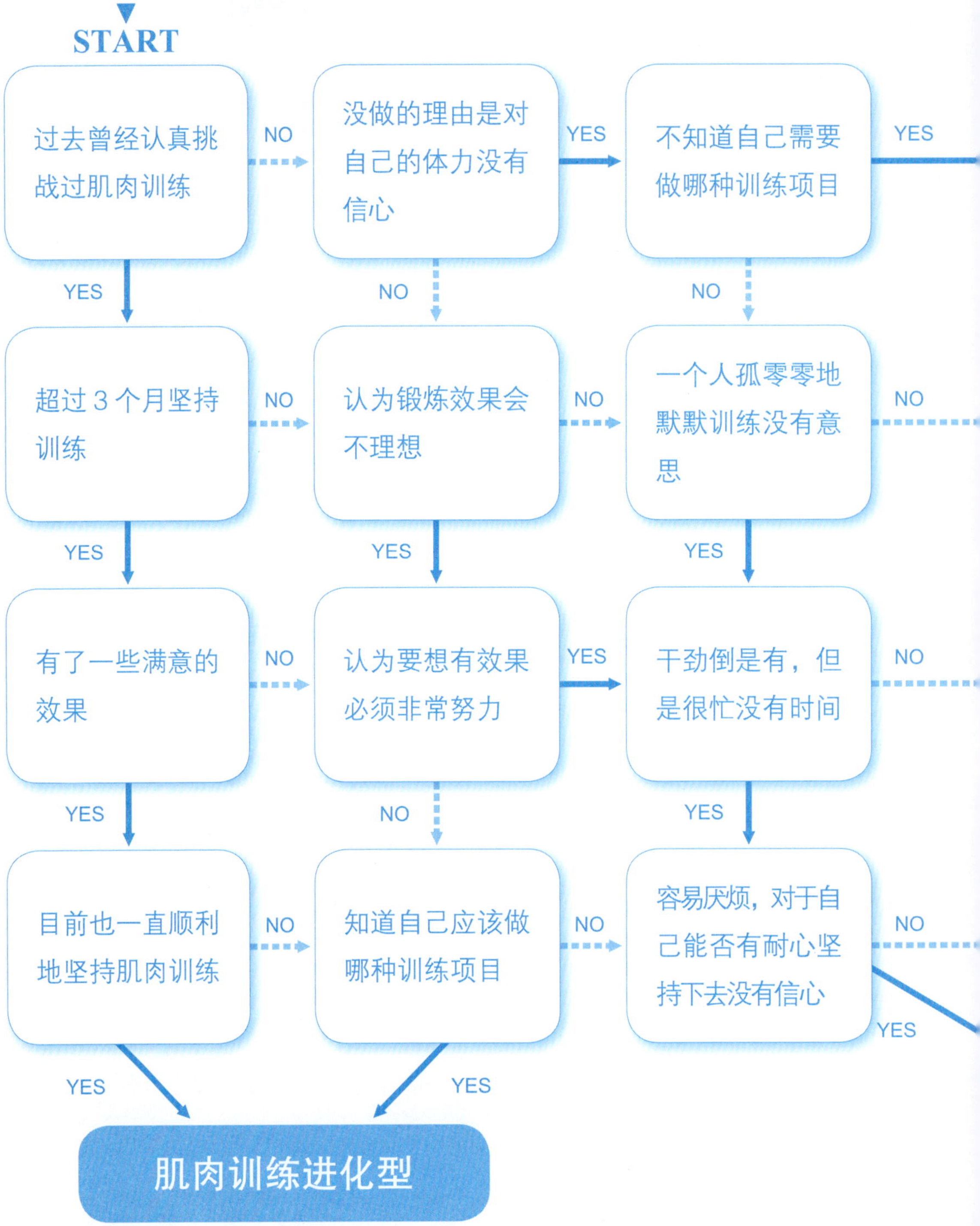

测试图

请回答下面的问题进行测试。

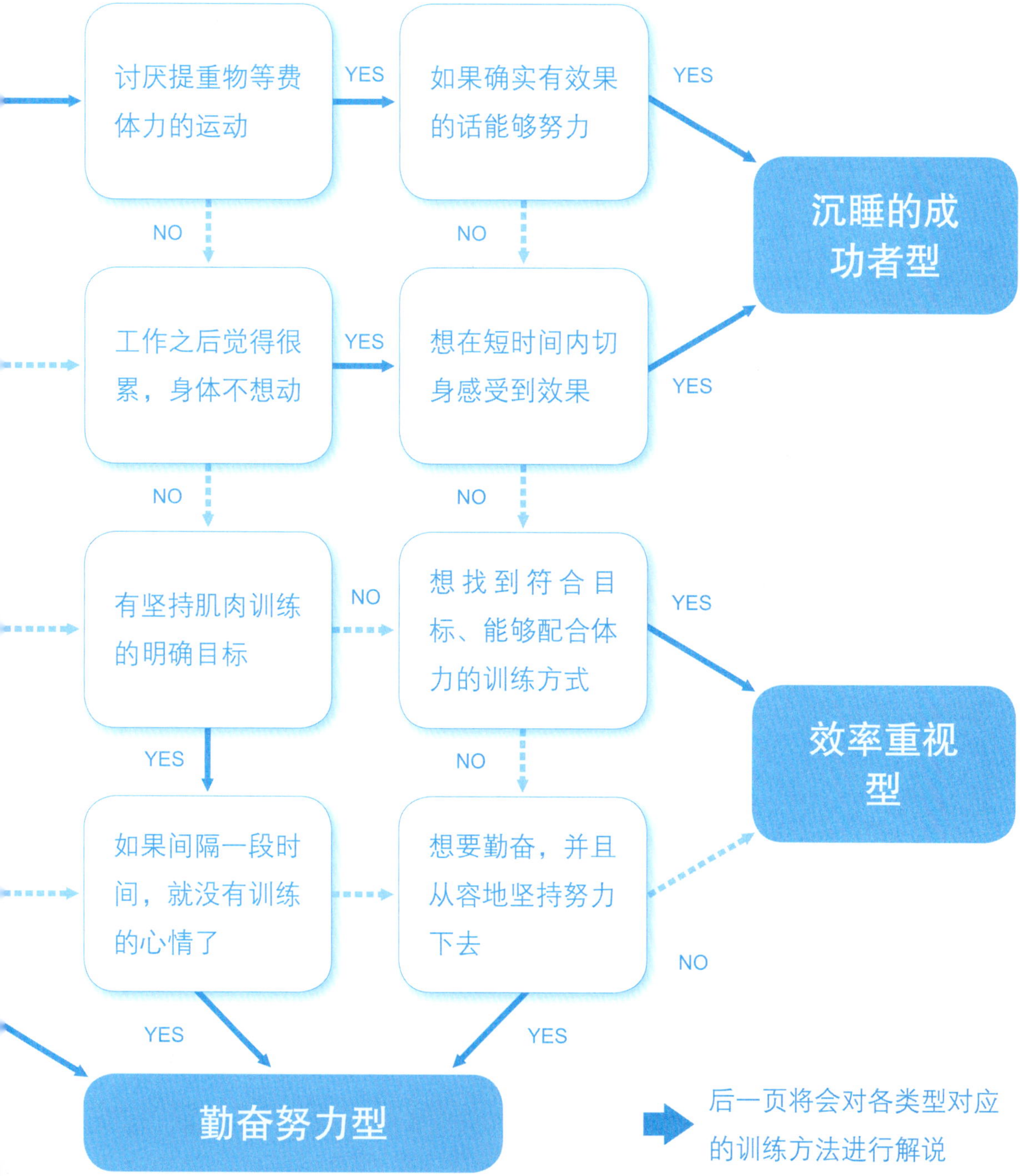

后一页将会对各类型对应的训练方法进行解说

你的类型及训练建议

潜力十足！

沉睡的成功者型

因为工作的繁忙或者训练知识不足而畏惧肌肉训练……这样的你，实际上是肌肉训练的成功者预备军。现在因为是“肌肉正在沉睡”时的状态，如果可以给予目标肌肉以适当的刺激的话，那么就能比平时卖力运动的人更能感受到自己的“潜力”。对于这样的你，建议先把本书的肌肉训练项目从头到尾体验一遍。使身体感受到“这样的话很有效，能坚持下去”就最好了。醒过来的肌肉扎实地成长，能够给整个身体线条带来令人欣喜的变化。

推荐实践方法

每日训练记录本

想要精明地锻炼！

效率重视型

在肌肉训练中没有信心能够练出成果，或者实际中坚持下来了却迟迟没有效果……这样的你，应该是希望付出最少的体力，从而获得最大效果的效率重视型。对于这种类型的人，成功的捷径是找到能正确进行符合自身目标、配合自身体能的训练。与过去的那种盲目训练不同，这次一定可以得到所期待的成果。不过，需要注意的是，不要对自己的体力过于自信。肌肉细胞的成长需要休息和补充营养。为了不使自己功亏一篑，请利用符合自身目标的项目来选择适合的方式塑造理想的体型吧。

推荐实践方法

目标导向 2 周 ~1 个月计划

➡ P.36 ~

坚持就是力量！

勤奋努力型

我是容易厌倦的性格所以无法坚持下来，我因为没有耐性所以做不来……这种判断，实际上只是你一厢情愿的想法吧？这种类型的人，身体的变化一旦明确地体现在数值上，锻炼的动力就会提升，很多人都能够做到勤奋、坚持不懈。这样做很好，不过我还是推荐你一定要“记录”，即把每天的肌肉训练内容和成果用数据记录下来吧。通过把握实践状况和身体的状态，一边真实感受自己身体的反应，一边愉快地把筋肉训练坚持下去。对于意料之外的认真性格，你自己可能都会感到惊奇呢。

推荐实践方法

记录在实践笔记上

➡ P.62 ~

充满干劲！

肌肉训练进化型

知道自己应该做什么，并且已经体会到肌肉训练的效果和乐趣，同时正拥有悄然而生的自信。这样的你，可能正在经历身体训练成果的停滞不前，只要越过了那个坎，等待你的一定是更进一步的“进化”。如果你有意识地试着挑战新的训练项目，或者根据自身情况改编训练内容，那么应该能够感受到肌肉训练的更多喜悦。此外，不仅仅是运动，如果你能够重视饮食生活和营养摄取搭配，那么肌肉训练的效果一定会成绩斐然。请从各个方面积极地提高自己吧。

推荐实践方法

目标导向 年训练计划

➡ P.44 ~

目 录

导读 …… 1
到达成功的最短路线测试图 …… 2
本书的使用方法 …… 6

肌肉训练的绝佳效果，如何贯穿始终地坚持下去

1. 肌肉训练看起来“麻烦”，但却是使人脱胎换骨的最简单方法 …… 8
2. 肌肉训练到底是什么？ …… 9
3. 肌肉训练无论谁都会有很好的效果吗？ …… 10
4. 只要锻炼就会拥有发达肌肉的说法是真是假？ …… 11
5. 居家肌肉训练也能获得和健身房一样的效果 …… 12
6. 肌肉训练效果提高的关键 …… 13
7. 用“记录”高效提升成果 …… 14
8. 肌肉训练为什么坚持不下去呢？（令人保持干劲的有效方法） …… 15
9. 瘦身与塑身的不同 …… 16
10. 为什么上了年纪会发福 …… 17
11. 肌肉训练号称具有“年轻 10 岁”的抗衰老效果 …… 18
12. 在练完本书介绍的所有训练内容后该怎么做呢？ …… 19

在自己家进行肌肉训练“居家肌肉训练”全 28 种项目介绍

■手触脚尖 …… 20
■飞犬式 …… 20
■单腿平衡 …… 21
■抬肘训练 …… 21
■交替俯卧撑 …… 22
• 哑铃侧平举 …… 22
■手臂撑椅后伸 …… 23
■抱膝仰卧起坐 …… 23
■后踢腿 …… 24
■夹球提臀 …… 24
■平板支撑 …… 25
■仰卧抬腿 …… 25
■侧向平板支撑 …… 26
■十字劈掌仰卧起坐 …… 26
■椅上伸腿训练 …… 27
■转体训练 …… 27
■坐椅蹲起 …… 28
■前弓步蹲 …… 28
■慢速蹲起 …… 29
■过头深蹲 …… 29
■单腿俯卧撑 …… 30
■支架俯卧撑 …… 30
■引体向上 …… 31
■撑椅臀部悬空 …… 31
■肘触膝式 …… 32
■滑轮健身 …… 32
■坐椅单腿伸展 …… 33
■侧滑蹲起 …… 33

目标导向训练计划的介绍

~ 选择适当的训练期间和训练目标塑造理想体型 ~

■尝试性训练（1 周内） …… 34
■短期集中瘦身训练（2 周内） …… 36
■瘦腹短期训练（2 周内） …… 38
■“穿衣显瘦脱衣有肉”体型训练（1 个月 ~） …… 40
■美丽曼妙体型训练（女性适用 /1 个月 ~） …… 42
■年训练计划 （男性适用 /1~3 个月） …… 44
■年训练计划 （男性适用 /4~6 个月） …… 46
■年训练计划 （男性适用 /7~12 个月） …… 48
■年训练计划 （女性适用 /1~3 个月） …… 50
■年训练计划 （女性适用 /4~6 个月） …… 52
■年训练计划 （女性适用 /7~12 个月） …… 54
■1 天 1 分钟 ~ 的“我行我素”训练计划（中、老年人适用 /6 个月） …… 56

做到不发胖、变苗条的饮食生活需要知道的事情 …… 58
每日训练记录表 …… 62
每周 & 每月训练记录表 …… 90

本书的使用方法

每日训练记录表（P.62 ~ 89）

这是记录每天肌肉训练的表格。坚持每天累积记录，会对体型变化带来深刻的影响。

训练项目确认

训练表上记载着基本项目名。在已完成的训练项目后打钩，填入训练组数。进行本书介绍的训练项目或其他的项目时，请利用表格下方的空白栏进行记录。

勾选每天的身体状况、饮食内容及其他训练项目等。

每周 & 每月训练记录表（P.90 ~ 95）

这是以周或月为单位记录肌肉训练的表格。通过记录可清楚得知应以怎样的进度完成训练，以及明确体重、体脂肪率的增减。

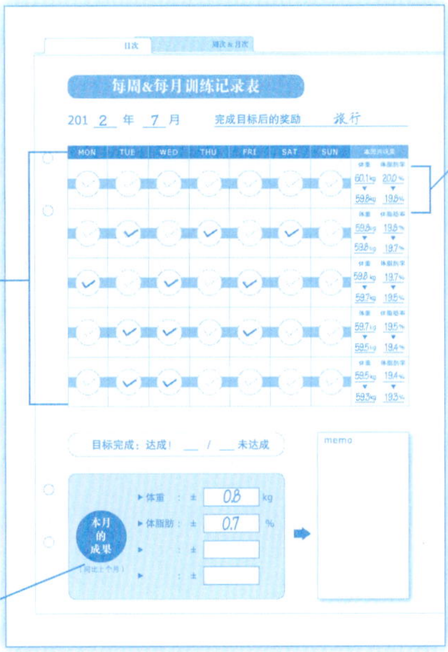

填写一周后的体重、体脂肪率的增减。

训练实施日确认

在进行训练的日子处打钩，训练的进度就一目了然了。

填写一个月后的体重、体脂肪率的增减。

※ 训练表如用完，请复印原稿（特别附录的最后）继续使用。

本书的目的就是帮您将训练坚持下去。下面具体介绍一下本书的使用方法。

训练项目介绍（P.20～33）

介绍共 28 种训练项目

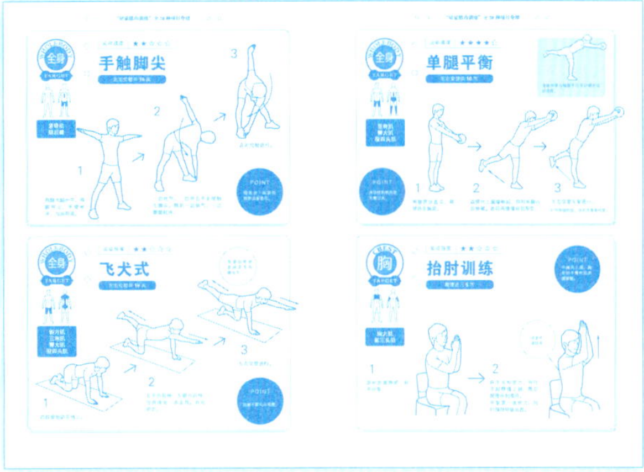

训练计划介绍（P.34～57）

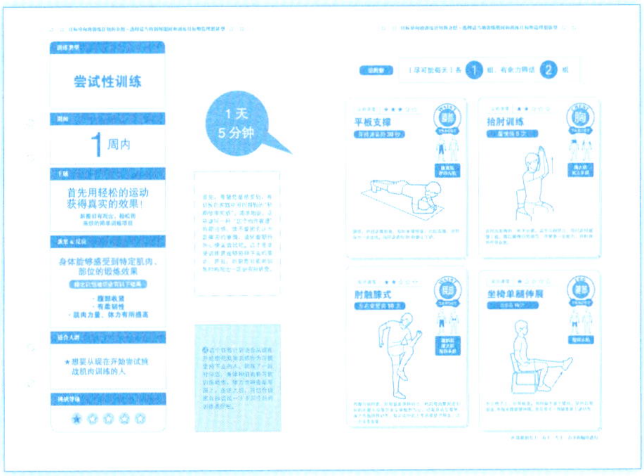

介绍 8 种训练计划。请根据自己的目标、期望达到的体型进行选择。

特附录

每日训练记录本

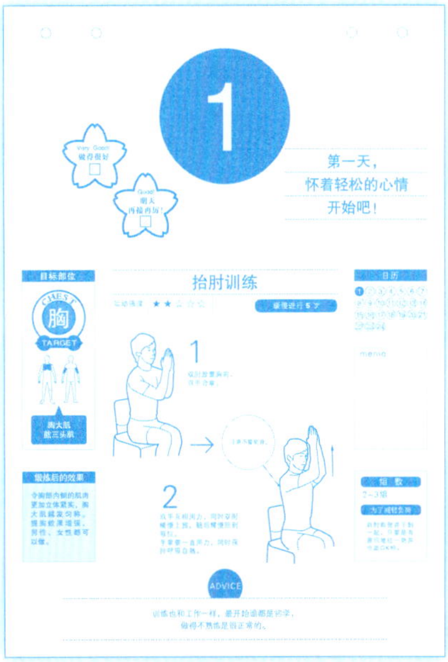

介绍 24 天的训练内容。一天一种训练项目，只花 5 分钟。24 天后便可完全感受到训练成果。

TRAINING 1 へやトレ

肌肉训练看起来“麻烦”，但却是使人脱胎换骨的最简单方法

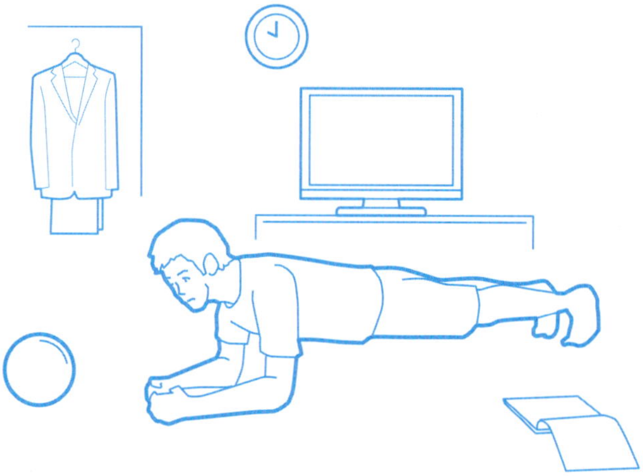

即使是仅能使用 5~10 分钟的闲暇时间进行肌肉训练，效果也能明显地显现出来。

最近，不知为什么总容易变得疲劳。只是稍微爬了点楼梯就喘不过气。赘肉，特别是肚子周围的肉实在是令人在意。虽说如此，但是至今基本上都没怎么运动过，感觉突然开始跑步的话会对身体损伤较大，而且如果去健身俱乐部或者健身房，又受到时间和经济上的制约。对于这样的你，在这里特别推荐的是在自己的房间里就可以轻松实现的肌肉力量训练——“居家肌肉训练”。

推荐“肌肉训练”最大的理由，就是因为它是“最高效的改善体力、体型的办法”。假设 30 岁以上的人想“回复到 20 多岁时的体型”，即使可以通过长时间的走路或跑步来燃烧脂肪，肌肉量和体型也不可能回到 20 多岁的状态了。与此不同的是，肌肉训练是对目标肌肉高效地给予刺激，因此持续每天 5~10 分钟的非常简单的训练，就可以实实在在地感受到身体的变化和体力的提升。而且，不管工作还是娱乐之时，每天都充满精力地训练的话，精神上也会自然而然地更正面，更感到幸福，很神奇吧。就这样，短时间内可以一举两得、一举三得的肌肉训练，对于日常生活忙碌的人来说绝对是“不做就太可惜了”。

自己的身体是一生的财富。其中肌肉与年龄无关，它是只要给予刺激就能进化的优秀的资源。请一边享受身体线条的变化，一边将肌肉训练融入生活习惯中来吧。

TRAINING 2 へやトレ

肌肉训练到底是什么？

肌肉训练利用的是肌肉“超回复”机理进行的训练运动。简单地说，肌肉由叫做“肌纤维”的细胞组成，如果能通过训练给予负荷的话，肌纤维就会暂时被破坏。然后为了承受下次负荷，将生成更加强韧的细胞。因此，如果可以给予适当的营养和休息的话，就会生成比训练前更强壮的肌肉，这就是超回复。这样反复地进行“训练→营养和休息”，肌肉就会更加强壮。

肌肉在训练中受到刺激，在休息的过程中成长。因此，训练结束后，为了肌肉能够很好地承受下次刺激，最好休息 1~2 天。但是，腹部、背部的肌肉耐受力比较高，短时间内很难给予更强刺激，针对这部分肌肉，即使每天都进行适度的训练也不会产生肌肉疲劳。稍微知道这样一些诀窍的话，就可以高效地进行肌肉训练。

肌肉训练的目的，不仅仅是增强肌肉力量与改善体型。因为支撑我们人类行动的全都是肌肉，因此好好保持肌肉，是男女老少所有人必须要做的工作。请有意识地进行休息的同时，再根据自己的情况把肌肉训练坚持下去吧。

通过训练提升肌肉力量示意图

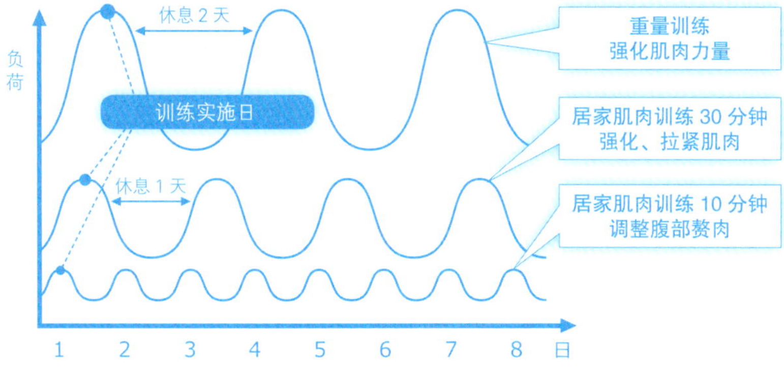

肌肉强化（超回复）的能量循环

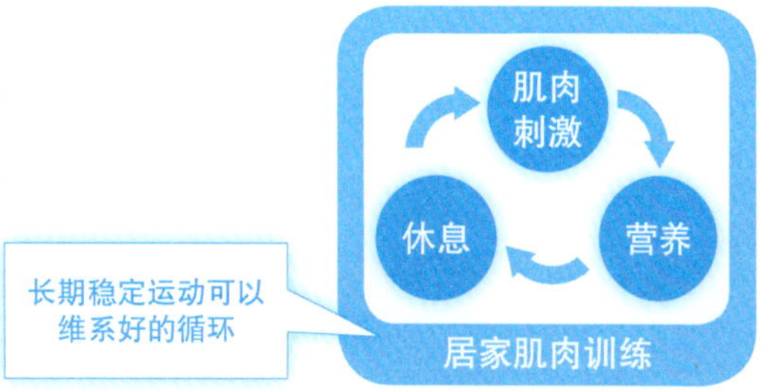

TRAINING 3 へやトレ

肌肉训练
无论谁都会有很好的效果吗？

虽然会有肌肉长势快慢这种体质上的差异，但是肌肉训练在任何人身上都能显现出效果。因为通过适当的锻炼给予一定的负荷，肌肉就一定会变得强壮。肌肉拥有的这个“自然法则”，与年龄、性别、运动神经的好坏或是运动经验都没有关系。无论是谁，无论是从何时开始，只要去做就能实实在在地感受到效果。这可以说是肌肉训练最大的魅力。

首先，从实践开始吧。这个时候，千万不要在意他人的情况，要根据自身情况进行锻炼。由于每个人的体格都不一样，而且理想的体型也都不一样，所以在决定训练的项目类别、次数以及负荷强度时，不是单纯地根据年龄、性别来决定，而是要根据自身体力基础和有无运动经验、肌肉训练的熟练度等因素共同考虑，以制定出适当的方案。如果能用适合自己的方式进行训练的话，即使是一点点身体上的变化都能够实实在在地感知到，肌肉训练必将会越来越有趣。

肌肉训练的效果渐渐显现、塑造出完美身材的示意图

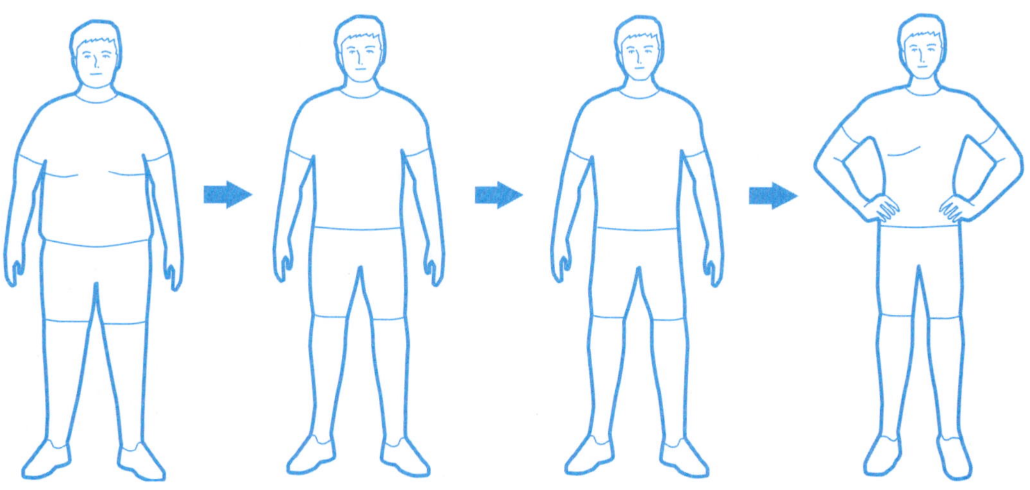

即使是一点点的变化，经过日积月累，体型也会发生翻天覆地的变化。

TRAINING 4 へやトレ

只要锻炼就会拥有发达肌肉的说法是真是假？

似乎很多女性是因为“不想浑身是肌肉”而不愿意进行肌肉训练。但是，对女性而言，斜方肌、三角肌、肱二头肌、肱三头肌等肌肉上促进肌肉生长的激素分泌得比较少，所以即使是进行与男性相同的训练，也不会变得肌肉发达。反而是该长肉的地方能够增加适量的肌肉，不该长肉的地方能够实现肌肉紧绷。也就是说，对女性而言，肌肉训练对练就有柔韧性的身体是非常有效的。

对男性而言，想要肌肉发达就必须完成高等级的肌肉训练，并且需要拥有能够满足训练要求的基本体力。在开始进行符合自己体力的肌肉训练时，不会马上变得肌肉发达，因为成效必须渐渐显现出来。不过，以肌肉发达的体型为目标，一边根据实际情况调整训练内容，一边坚持训练的话，即使是只进行“居家肌肉训练”，也能够实现目标体型。一边在心中描绘自己的理想身形，一边自由调整训练内容，也是肌肉训练的一大优点。

主要肌肉的分布及名称

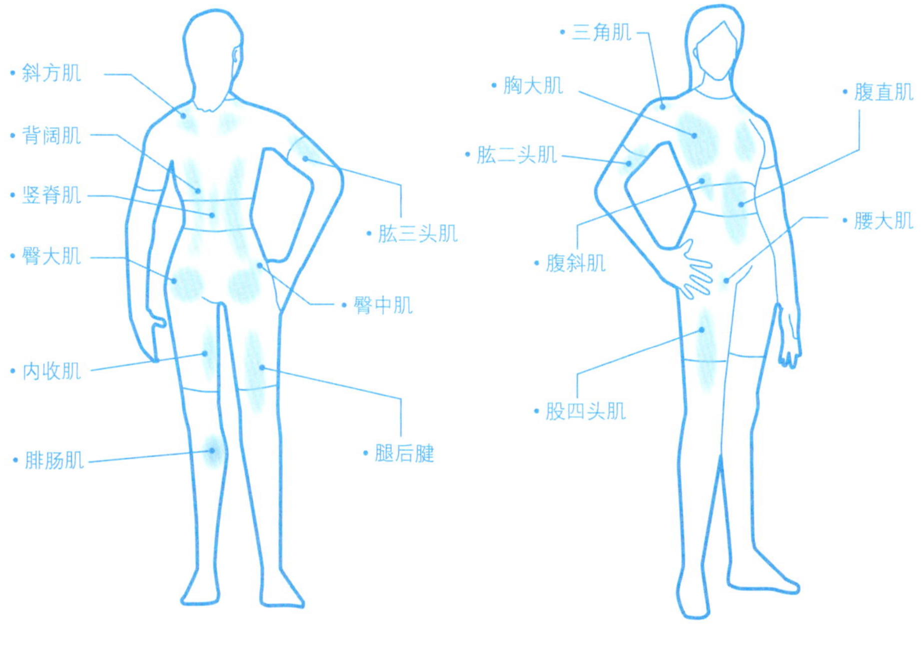

TRAINING 5 へやトレ

居家肌肉训练 也能获得和健身房一样的效果

“运动”不是一种特殊的行为，例如上下台阶、提放重物等都属于运动，实际上任何人在日常生活中都在做着运动。只是，由于近年来制造了很多便利的工具可以使用，导致很多人处在慢性的运动不足状态。如果能将原本应该使用的肌肉锻炼出来，可以更加快乐、健康地生活。肌肉训练也有这样的一个效果。就这一点而言，我们也会想把肌肉训练作为日常生活的延伸吧。在这里，给您推荐“居家肌肉训练”。

不要三分热度，要按照自身的进度长期坚持，这是成功的唯一方法。
根据目前的生活环境和体力，不要勉强自己，试着找找能够实践的方法吧。

去健身房的话当然可以获得充分的锻炼。但是对于想瘦身、改善体形的人来说，其实没有重量训练或夸张的训练器材也完全能够进行有效的训练。在自己的房间里只是进行简单的训练，也就不会对自己施加过大的压力导致身心疲倦。本书介绍的基本上都是利用自身体重进行的简单训练项目，诸位甚至可以一边看电视一边和孩子或者伙伴愉快地进行训练都没问题。此外，只要适当改变训练次数和负荷，即使是经常进行肌肉锻炼的人也能够收获不输于健身房的效果。

肌肉训练只要坚持就能获得持久的效果，不需要特别的准备或者勇气，只要去实践就完全可以。因此说，怎样创造这样的环境是成功的关键。在这方面，只要想做就马上能做的“居家肌肉训练”可以说是最合适的训练了吧。

TRAINING 6 へやトレ

肌肉训练
效果提高的关键点

第一个关键点是“从轻松的做法开始”，但相对的，因为需要给予肌肉持续的刺激，所以一旦偷懒，就无法有所突破。因此，以“上次效果的 101%”为目标比什么都重要。如果猛地从最困难吃力的阶段开始训练，“上次效果的 101%”将会是个很高的坎，很容易便会半途而废。对于对自己体力没信心的人,参照本书介绍的每日 1 组 10 次的肌肉训练项目，最开始的时候只做 1 次也可以，等适应后再慢慢地增加到每日 2 次、3 次吧。

第二个关键点是“从擅长的地方开始”。说到肌肉训练，很多人都会想应该从最柔弱、最松弛的部位开始训练。但这样做的结果只会让人感觉肌肉训练是一种义务，会积累压力半途而废。假使从自己擅长或喜欢的项目开始训练的话，更容易出效果并且能够享受其中的乐趣。另外，这样做也会产生更加积极的意愿，会想要下次再挑战一下别的项目。

本书除了重点肌肉的训练，也严格选取了辅助性的可以锻炼到多块肌肉的训练项目。做到了在反复训练自己喜欢的项目过程中，全身的肌肉会自然得到锻炼，之前不擅长的训练项目，不知不觉中也能够轻松做到。这样轻松地、愉快地进行肌肉训练是能够持之以恒的诀窍。只要能够持之以恒，效果自然能够显现。

有效的升级步骤

以强化肌肉力量为目的

重视大肌群（腿部、胸部背部）
※ 有意识地不偏重特定的部位

▼

逐渐增加训练组数
※ 如果做不到每组要求的个数就多做几组

▼

逐渐提高负荷和强度
※ 只要慢慢加大动作幅度就可以提高负荷

以塑身或减肥为目的

重视训练腰部（躯干）、背部、腿部的项目

▼

挑战完成 1 组要求的个数（秒）
※ 保持正确的姿势

▼

达成 1 组要求的个数后，逐渐增加组数

※ 达到 5 组以上后增加每组的个数

TRAINING 7 へやトレ

用“记录”高效提升效果

为了健康且高效地进行肌肉训练，建议您把训练内容记录下来。本书即着眼于此，设计了以日为单位、以周为单位、以月为单位进行记录的表格。不仅要记录训练的内容，还要记录每天的细微变化（比如睡醒时感到心情舒畅、被身边的人说“变瘦了”，皮带扣眼的位置变了等）。另外，如果是以塑身为目的的话，建议使用体脂检测工具检测自己目前的身体状况，然后客观地记录下每天的数值也不失是一种非常好的做法。

因为通过记录，更能意识到自己训练后的反应，会产生“这样多做一些会不会更好”的想法。在这种情况下，便会有意识地试着尝试新的训练项目，改变训练次序，或者同一个训练项目尝试不同的姿势等。这种有积极意义的努力试验是否错误的想法会自然涌现。这样，之前感觉吃力的肌肉训练会逐渐变为令人跃跃欲试、心情愉快的习惯。

千篇一律的感觉对心情和肌肉都不会有好的影响。请各位用心，一点一滴地感受到效果，之后慢慢提高目标，精神饱满并高效地去实践吧。对自认为没有常性的人来说，每天能够确认自身变化的记录，实际上才是最值得推崇的能够使肌肉训练坚持下去的技巧。

通过客观记录训练内容，效果会大有不同。

TRAINING 8 へやトレ

肌肉训练为什么坚持不下去呢？
（令人保持干劲的有效方法）

如果非要用一句话来总结的话，那就是“自己的努力没有直接转换为成果”吧。明明已经很努力了，结果肌肉没有达到自己想象的强壮，体型更没有变化。这么一想的话，肌肉训练瞬间就会变得痛苦，心情也会变得糟糕。为了不陷入这种境地，怎样能避免“无用功”就变得非常重要了。如果能够学会百分之百必需的肌肉训练方法，并确确实实地感受到训练成效的话，半途而废就不值当了吧。请从本书中选择“这样会有效果、能够坚持下去”的训练项目自由组合，找出最适合自己的方法吧。

另外，对坚持肌肉训练方面有一定的计划性也是有效的。首先，要设定一个大概目标，自己在什么时间之前要变成什么样子，然后倒推时间设定每月、每周的小的目标。只要活用本书的每日训练记录表（P62~89），想着“因为这周没怎么做好，所以下周要加把劲”，就能够这样一边调整进度分配，一边把训练坚持下去了。

如果是利用节食减肥的话，一旦心情不好就会反弹。而肌肉训练没有坚持的话只会回到原点，任何时候只要再继续训练就能继续。因为没有失败的风险，所以如若不挑战试试的话就太可惜了。怀着这样轻松的心情去做也是把肌肉训练坚持下去的关键。

坚持肌肉训练的示意图

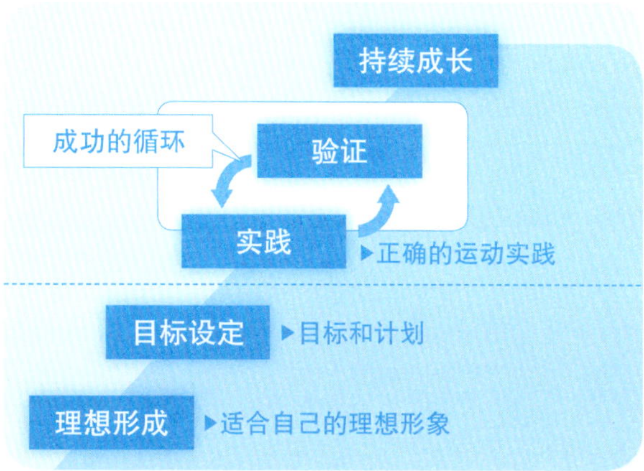

TRAINING 9 へやトレ

瘦身与塑身的不同

很多想变瘦的人首先想到的是节食。但通过这种方式变瘦，往往会因为营养不足而导致体力下降、懒得活动，甚至造成“基础代谢量”减少。然后，忍受不住压力稍微多吃一点，基础代谢减少的那部分就会转变成多余的热量积累起来……其实这就是“反弹”的真相。而我们知道，身边的人判断一个人不是“体重”，终归是“外在”的形象。节食减肥给人的印象就是不健康而且衰老。

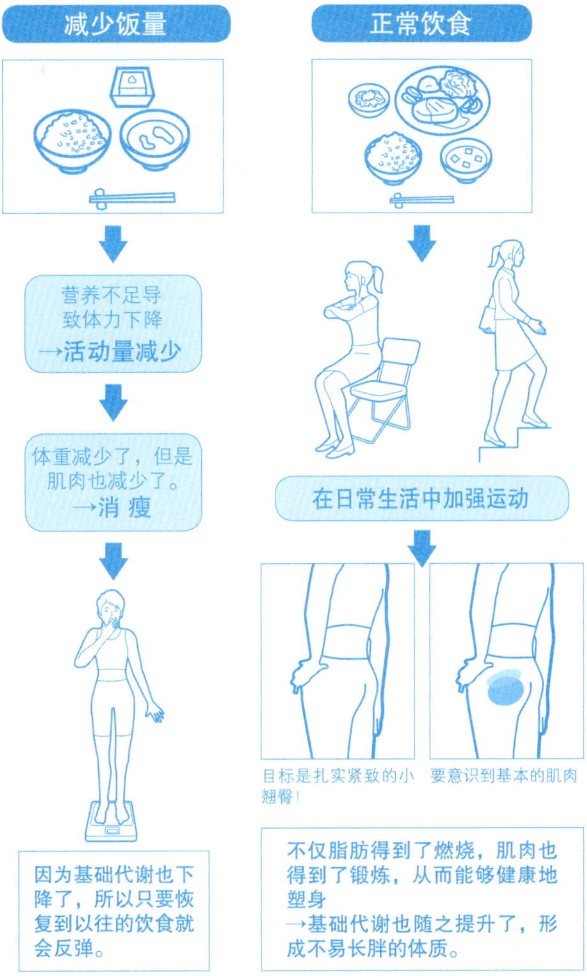

肌肉训练的目标并不是减轻体重，而是旨在练就健康、有柔韧性的体质。举个例子来说，很多女性想使大腿变细，拥有一双众人瞩目的美腿，这时，如果硬是要通过节食来瘦腿的话，臀部和大腿的肌肉就会萎缩，这样做的结果就是会让人觉得上了年纪。与此相对的，肌肉训练可以使大腿的肌肉（股四头肌）紧绷，从而使膝盖周围的赘肉消失。而锻炼臀部的肌肉（臀大肌）可以起到提臀的效果。这样就能明显地能看到美腿、长腿的效果，以前穿不进去的细长型牛仔裤也能够轻松地穿进去。因此，这里所说的“外在”就是整体的平衡。请不要总拘泥于特定部位的尺寸，要注意整体体型的设计。

TRAINING 10 へやトレ

为什么上了年纪会发福？

一般而言，人体的肌肉量会随着年龄的增长而减少，特别是激素分泌量减少的 40 岁以后，肌肉数量减少的速度明显加快。肌肉数量减少，往往会造成日常活动量的减少，如此一来基础代谢也会随之下降。而与此相对，人们很难改变已经维持了几十年的饮食习惯。因此，体内消耗不完的热量就会过剩变成脂肪，也就是我们常说的“发福了”。

为了维系身体内部的平衡，过剩的脂肪会囤积在最稳定的部位。腹部、臀部等下半身部位容易长赘肉就是因为这个原因。此外，一旦腹部肌肉萎缩，支撑腹中内脏器官的腹压也会减弱，内脏就会向外挤压，出现肚子鼓起的状况。所以“中年发福”“三高肚”等与肌肉的减少有很大关系。

为了解除中年发福的危机，与其毫无节制地节食减肥又不断地反弹，不如有意识地在这些无形中减少的肌肉上下些功夫。

肌肉数量减少和 QOL（生活质量）的下降

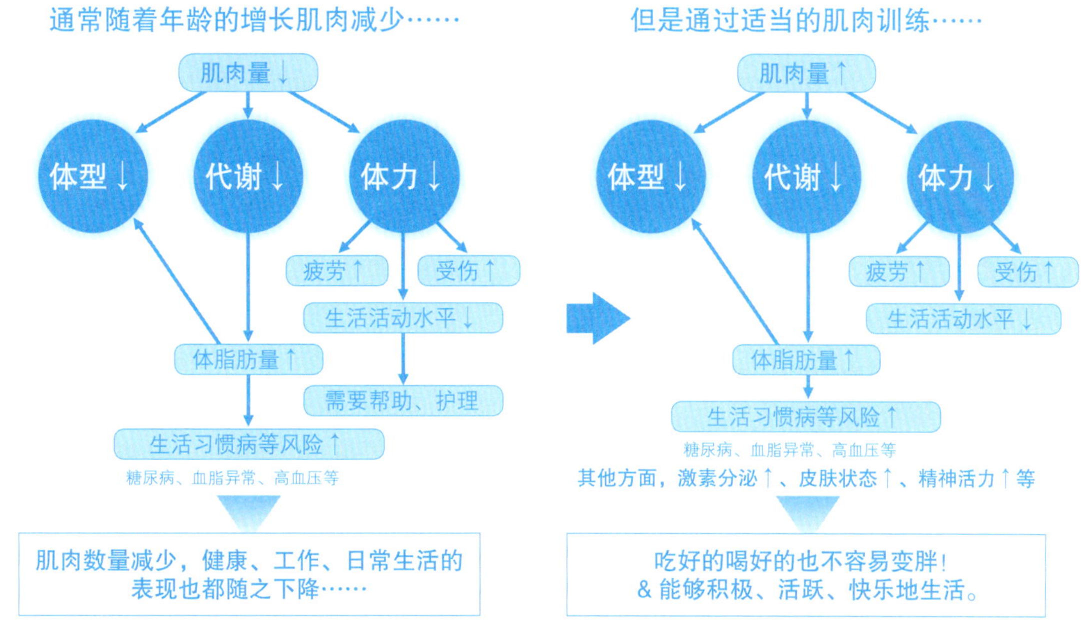

TRAINING 11 へやトレ

肌肉训练号称具有“年轻 10 岁”的抗衰老效果

肌肉训练真的有抗衰老的效果。人体内有用来支撑身体的那部分被称为“抗重力肌”的肌肉。这部分肌肉衰老的话，身体将不能抵抗重力，就会出现驼背、弓腰、臀部下垂……即使用华丽的服饰或精致的妆容演绎出朝气蓬勃的面貌，全身的线条轮廓也会给人“衰老”的印象。

逆向地，保持结实的肌肉、挺拔的姿态和有柔韧性的身材，可以给周围人“年轻”或是“看不出年龄”的印象。

如果从美容方面考虑的话，为了抗衰老而进行肌肉训练是有效的。我们知道，在我们体内产生的生长激素如果急速减少的话，立刻就会加剧老化。因此，生长激素也被称作“返老还童激素”，抑制这种激素的减少是抗衰老过程中不可缺少的因素。生长激素只有在适度的肌肉运动后才会分泌，因此肌肉训练绝对有效果。

生长激素，正如其名，是孩子在成长过程中生长骨头和肌肉所必需的激素。即使是成年之后，生长激素也在继续促进代谢、燃烧脂肪、美容美肤等维持人类有活力的身体方面发挥着作用。坚持肌肉训练，不仅从外表，更是从体内散发出生机勃勃的活力，这样的话，永远保持“年轻 10 岁”的状态完全可行。

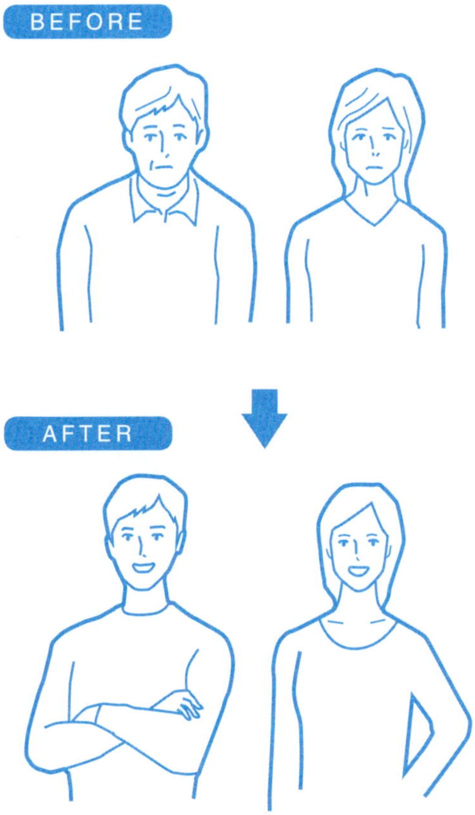

坚持肌肉训练直接达到抗衰老的效果

TRAINING 12 へやトレ

在练完本书介绍的所有训练内容后该怎么做呢？

本书介绍了 28 种肌肉训练项目和 8 种训练计划。无论从哪种开始进行训练都可以。不过还是建议您首先把以日为单位的所有训练项目都试着做一遍。因为这样做不仅可以亲身体验到居家训练的实践水平和运动效果，也能够发现自己擅长或喜欢的项目。那之后，再各自展开按照目标和训练时间分类的训练（关于目标导向的训练计划，各设定训练时间过后，请以最后一日 / 周 / 月的训练内容为基础继续训练下去）。

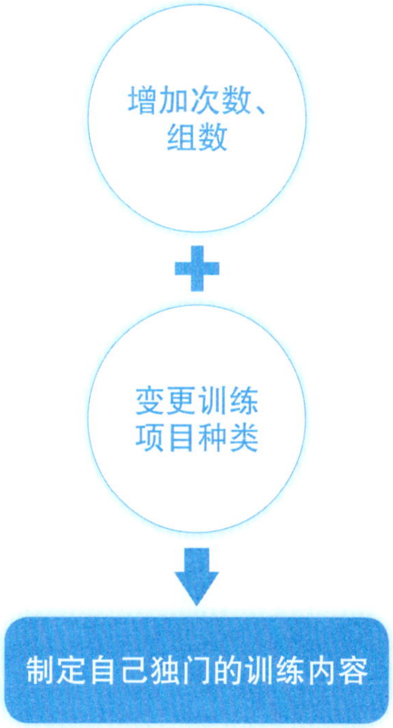

完成这些计划后，请增加次数和组数，或变更训练项目，试着挑战自己独创的最强训练计划吧。此外，开始对自己原本的饮食习惯、生活习惯进行思考，比如“是不是该吃点保健品了”、“以前只在晚上训练，以后要不要在早上也试着做做”，这种思考也是一件不错的事情呢。每个人容易出效果的训练项目和成果的展现方式都不尽相同，所以应该多积极地去试错。

结合自己的生活方式发扬自己的长处，制定多种场合（如“没有时间时”、“长时间懈怠后重新拾起”等）适用的训练内容，这样一来肌肉训练会越发有趣、轻松。自己思考着制定出的训练内容，比模仿训练手册更适合自己，能够最大限度发掘自身潜在能力。这才可以说是真正意义上的“符合自己标准的训练内容”。

WHOLEBODY 全身 TARGET

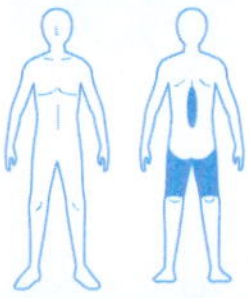

竖脊肌
腿后腱

运动强度 ★★☆☆☆

手触脚尖

左右交替共 10 次

1 两腿大幅分开，手臂举平，与肩同高。

2 一边吐气，一边用右手去碰触左脚尖。随后一边吸气，一边缓缓起身。

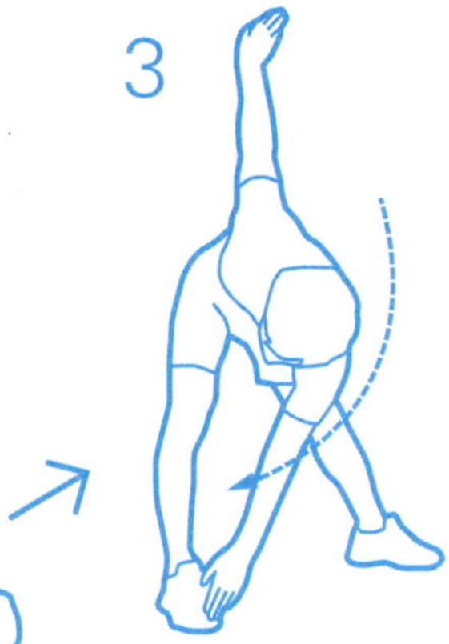

3 左右交替进行。

POINT 每做完 1 次要回到原准备姿态。

WHOLEBODY 全身 TARGET

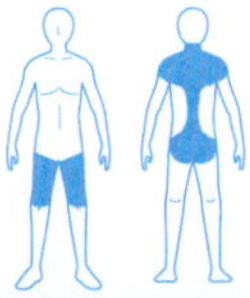

斜方肌
三角肌
臀大肌
股四头肌

运动强度 ★★☆☆☆

飞犬式

左右交替共 10 次

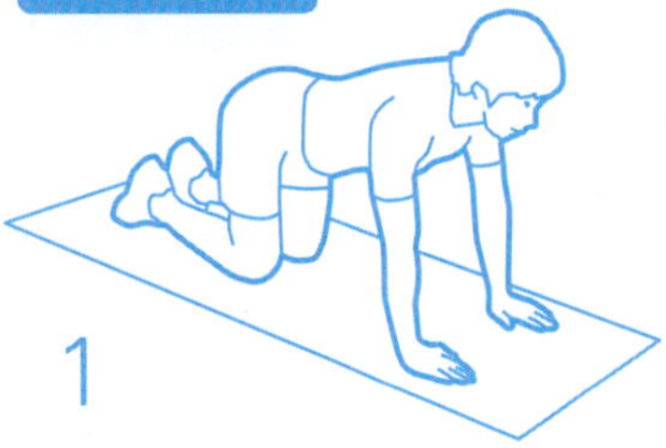

1 四肢着地趴在地上。

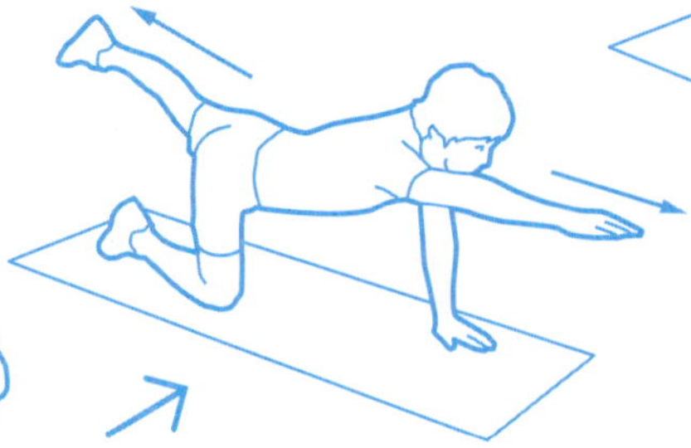

2 右手向前伸、左腿向后伸，与身体呈一条直线。目视前方。

有意识地伸直肘关节和膝关节

3 左右交替进行。

POINT 注意不要向后弯腰。

WHOLEBODY 全身 TARGET

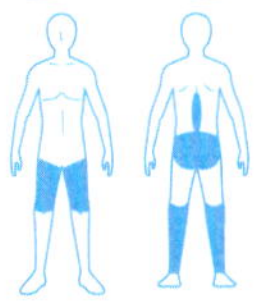

竖脊肌
臀大肌
股四头肌

运动强度 ★★★★☆

单腿平衡

左右交替共 **10** 次

身体伸展与地面平行可以增大运动强度。

POINT
身体倾斜的角度无需过大。

1 两腿并拢直立，将球抱在胸前。

2 双臂向上缓缓举起，同时单腿向后伸展。然后再慢慢回到原位。

3 左右交替反复进行。

※ 没有球的话，也可用靠垫代替。

CHEST 胸 TARGET

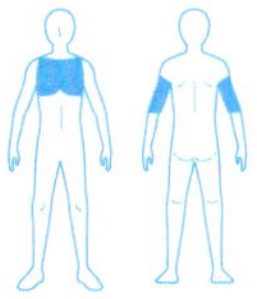

胸大肌
肱三头肌

运动强度 ★★☆☆☆

抬肘训练

缓慢进行 **5** 次

POINT
手越向上提，胸部和手臂的肌肉越紧绷。

1 双肘放置胸前，双手合掌。

2 双手互相用力，同时双肘缓慢上提。随后缓慢回到原位。
手掌要一直用力，同时保持呼吸自然。

胸大肌
肱三头肌

运动强度 ★★★☆☆

交替俯卧撑

左右交替共 10 次

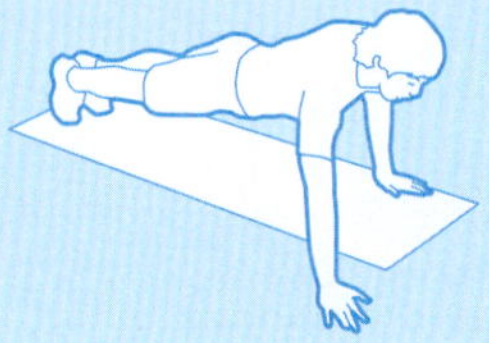

大胆地变换锻炼时的前后左右位置能够提高相应的效果。

POINT
手离身体太远的话，肩关节可能会产生疼痛，请注意。

1

从一般的俯卧撑的姿势开始，右手在肩膀正下方，左手尽量远离身体放置。

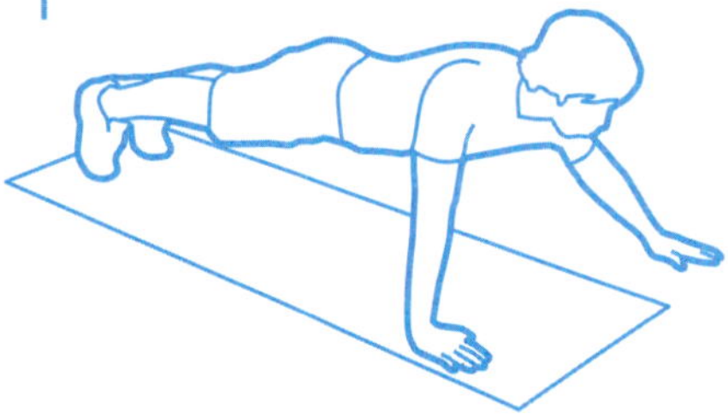

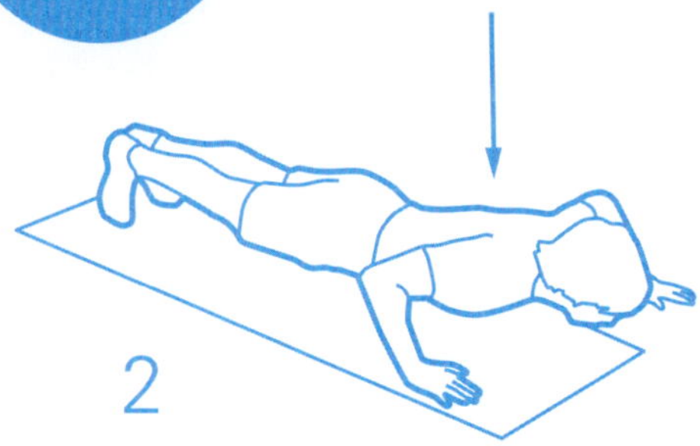

2

保持这个姿势，然后缓慢地做俯卧撑。然后换另一侧重复上述动作。

三角肌

运动强度 ★★☆☆☆

哑铃侧平举

10 次

1

双手各持一个哑铃，掌心朝内（使用 2~5kg 较轻负荷的哑铃）

2

双臂侧平举，至与肩同高，然后缓慢放回原位。避免利用反作用力甩着抬放。

POINT
避免用甩的方式，动作要缓慢、扎实。

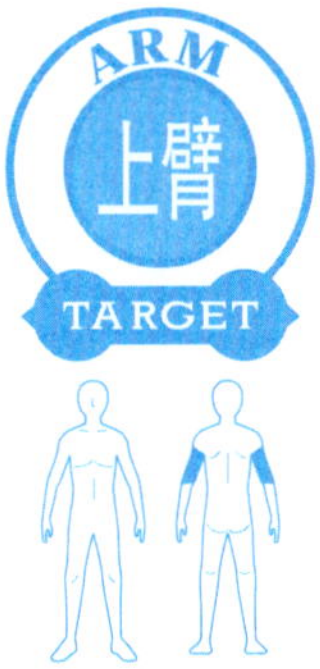

肱三头肌

运动强度 ★★☆☆☆

手臂撑椅后伸

缓慢弯曲伸展 10 次

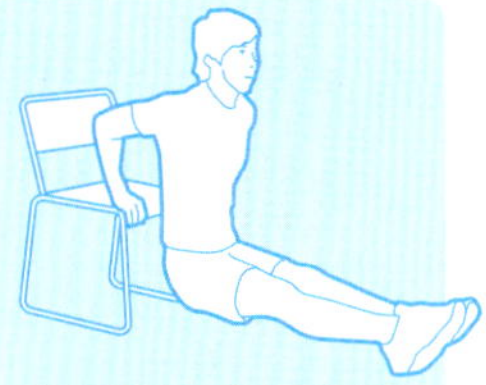

伸展膝关节、伸直双腿做的话，会提高运动强度。

POINT
腿的位置靠近上半身的话，负荷会减轻。

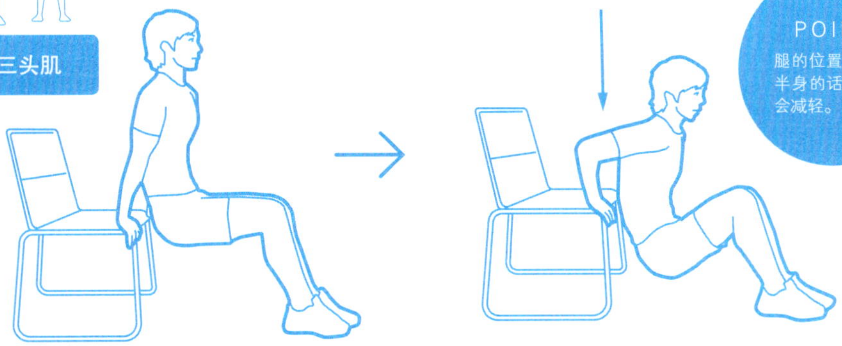

1 背向椅子或合适高度的台子，双手抓住接触面前端。

2 肘部和膝盖各自呈 90 度弯曲，同时身体下沉。随后上臂用力使身体回到原位。

背阔肌
肱二头肌
腹直肌
股四头肌

运动强度 ★★★☆☆

抱膝仰卧起坐

左右缓慢各 10 次

POINT
即使是胸部碰不到膝盖的情况下，要尽量靠近。

仰卧屈膝。双手抱住一侧膝盖，另一侧的手臂伸直，从地面抬起。

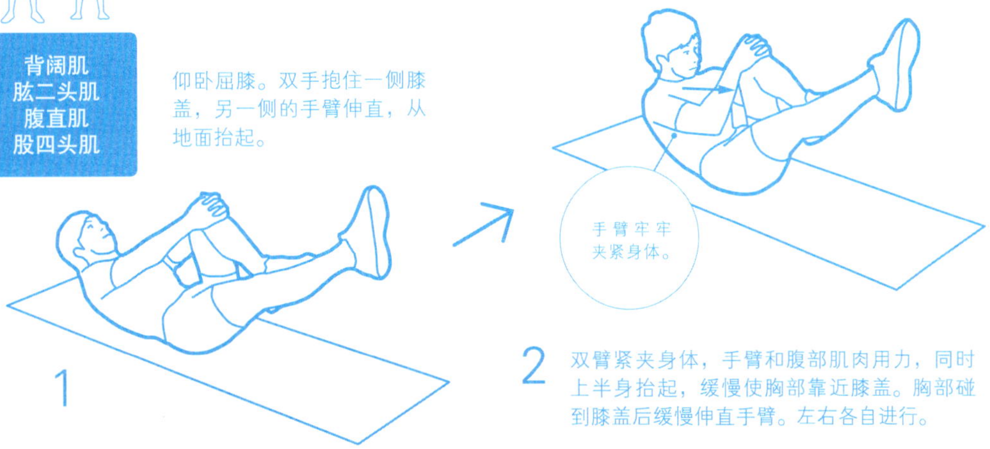

1

2 双臂紧夹身体，手臂和腹部肌肉用力，同时上半身抬起，缓慢使胸部靠近膝盖。胸部碰到膝盖后缓慢伸直手臂。左右各自进行。

臀大肌

双手握住椅背，单膝抬至肚脐高度。

POINT

注意不要反向弯腰。

运动强度 ★☆☆☆☆

后踢腿

左右缓慢各 10 次

脚后跟向正后方伸展，缓慢踢腿。注意力集中在臀部的肌肉，缓慢进行。换另一只脚重复上述动作。

臀大肌
股四头肌

运动强度 ★★★☆☆

夹球提臀

缓慢做 10 次

POINT

腹部用力提腰，好像肚脐要碰到天花板一样。

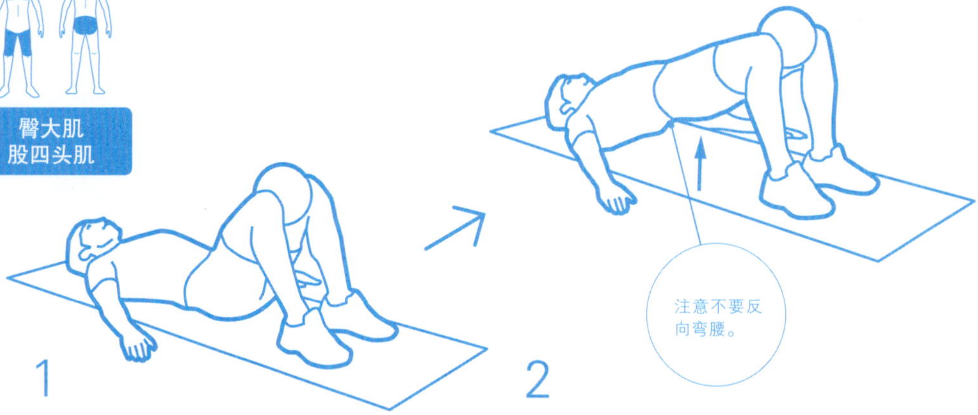

1

仰卧屈膝。双膝夹紧球。没有球的情况下，可以用靠垫代替。

2

身体不要摇晃，缓慢提起腰部。如果脚跟保持着地的话，会使臀部的筋肉得到更有效的锻炼。同时掌心扣地，保持平衡。

WAIST
腰部
TARGET

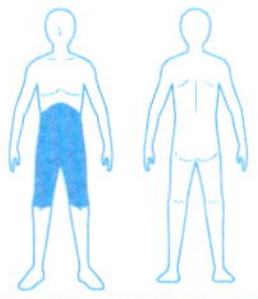

腹直肌
股四头肌

运动强度 ★★★☆☆

平板支撑

保持该姿势 30 秒

POINT
背部挺直，身体整体呈一条直线。注意腰不要下沉。

在吃力的情况下，双膝触地也没关系。

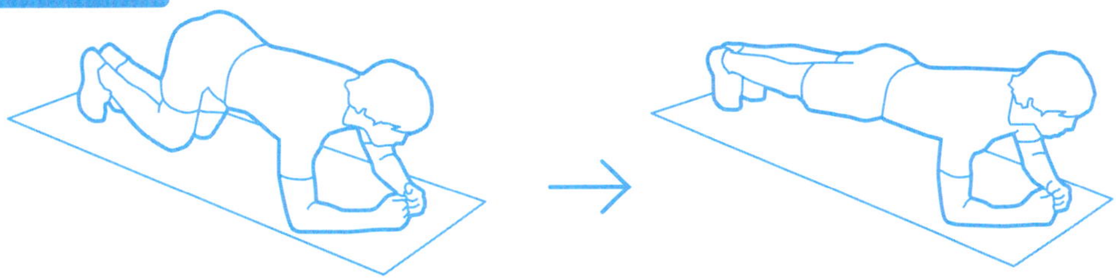

1 俯卧，双肘双膝触地。

2 双肘支撑地面，抬起双膝，身体保持一条直线。保持该姿势 30 秒静止不动。

WAIST
腰部
TARGET

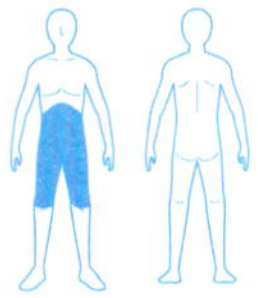

腹直肌下部
股四头肌

运动强度 ★★★☆☆

仰卧抬腿

缓慢做 10 次

POINT
注意不要让脚后跟触地。

1
仰卧，双手展开，两脚脚尖交叉并拢。

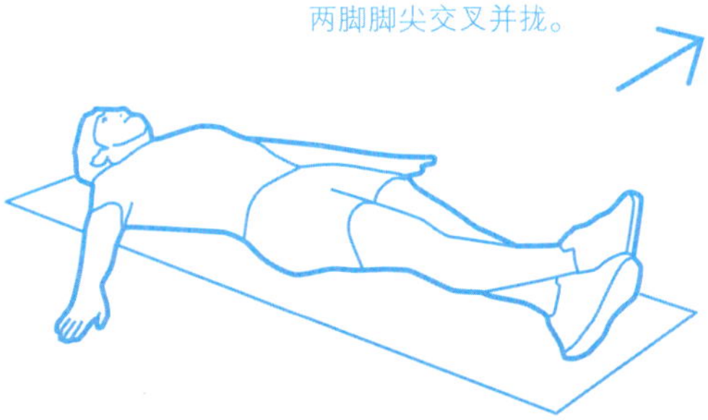

2
脚尖抬起，伸向天花板。然后脚后跟缓慢放下，但不要碰触地面。注意力集中在下腹，缓慢进行。

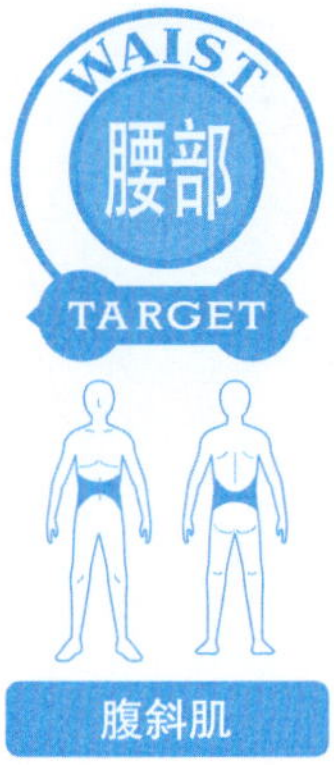

运动强度 ★★★☆☆

侧向平板支撑

左右交替保持 **20~30** 秒静止不动

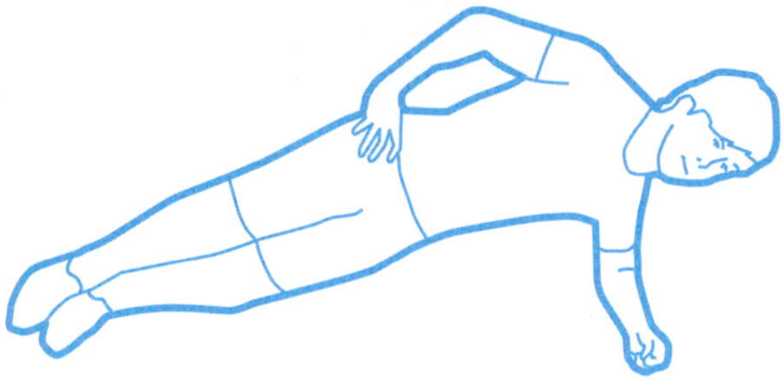

侧身撑地，用肘和脚支撑身体。保持该姿势 20~30 秒静止不动。然后换另一侧重复上述动作。

POINT
在运动中身体保持一条直线是提高效果的关键。

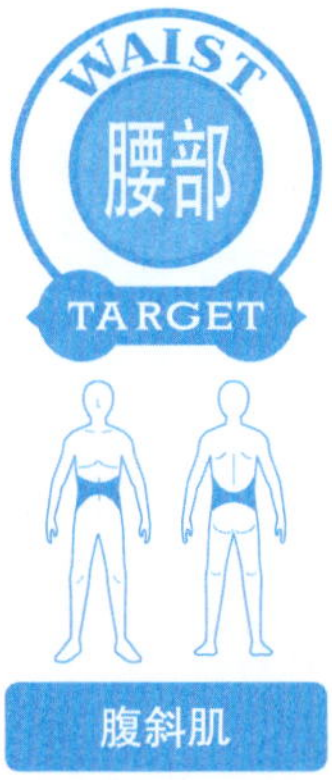

运动强度 ★★★★☆

十字劈掌仰卧起坐

左右交替共 **10** 次

POINT
不要利用反作用力顺势起身或挥手。

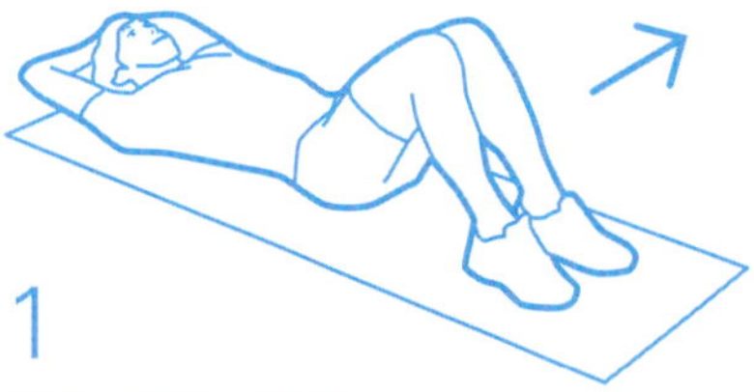

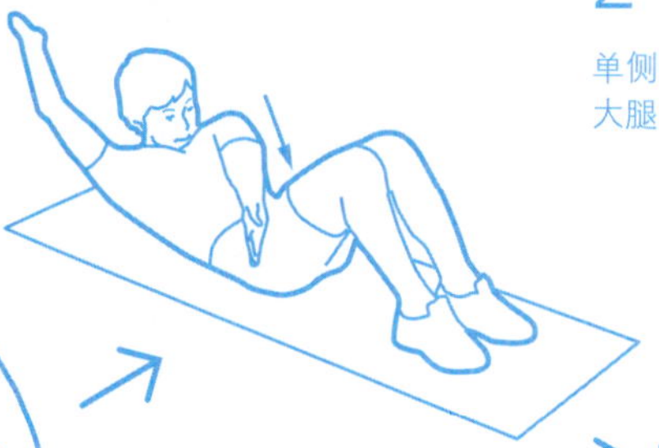

2
单侧手臂伸直，大弧度挥向另一侧大腿外侧，然后收回。

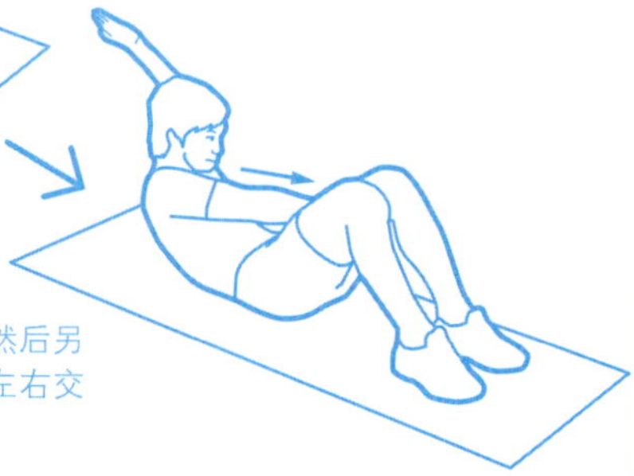

1
仰卧，屈膝。双手放在头顶。

3
回复到 1 的姿势，然后另一手臂重复动作。左右交替进行。

WAIST 腰部 TARGET

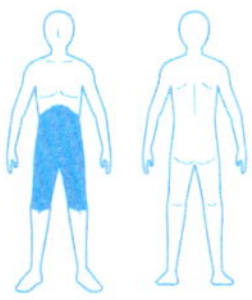

腹直肌
股四头肌

运动强度 ★★★☆☆

椅上伸腿训练

缓慢做 10 次

POINT
伸屈双腿时，要保持后背肌肉挺直。

在做起来吃力的情况下，可以后背靠着椅背，或者单腿进行训练。

1

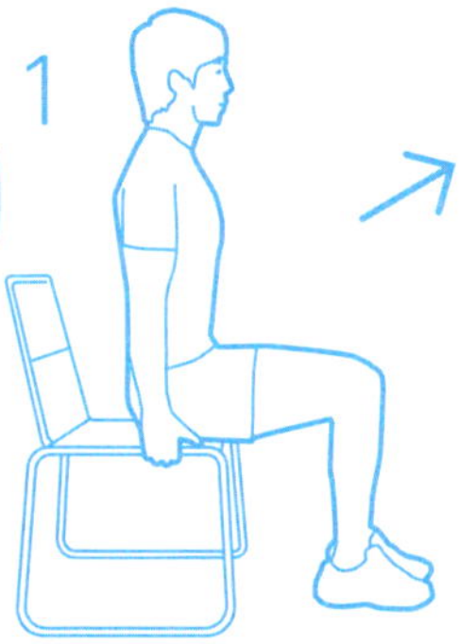

虚坐在椅子上，双脚合拢。

2

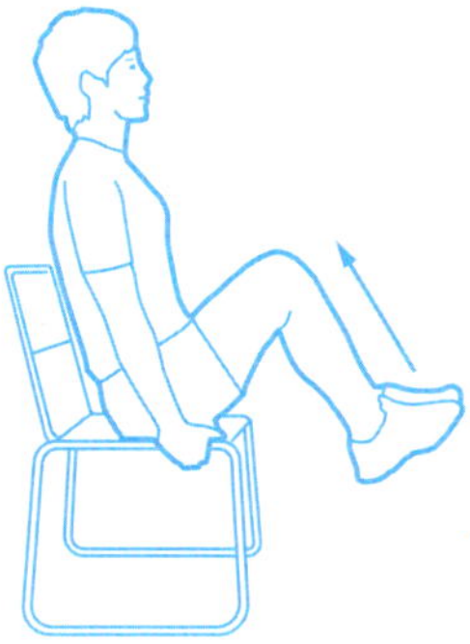

双膝抬起靠近胸前，腹部肌肉用力以保持平衡，同时双腿前伸。

3

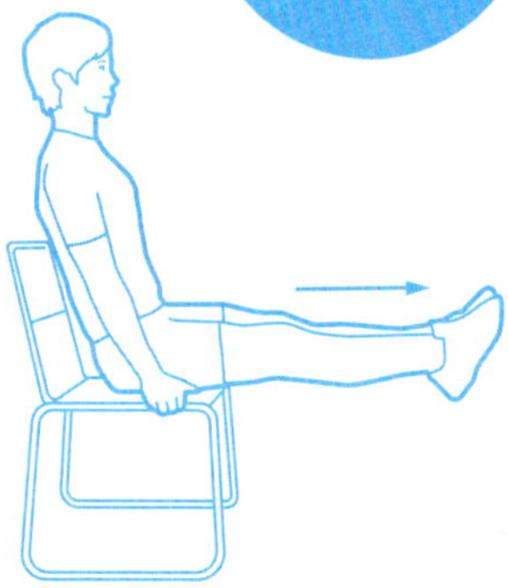

双脚不要碰触地面，保持双腿并拢的姿势缓慢伸屈膝盖。

WAIST 腰部 TARGET

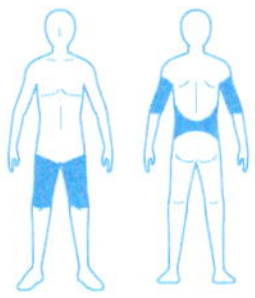

腹斜肌
肱三头肌
股四头肌

运动强度 ★★★☆☆

转体训练

左右交替共 10 次

POINT
注意保持身体呈一条直线。

1

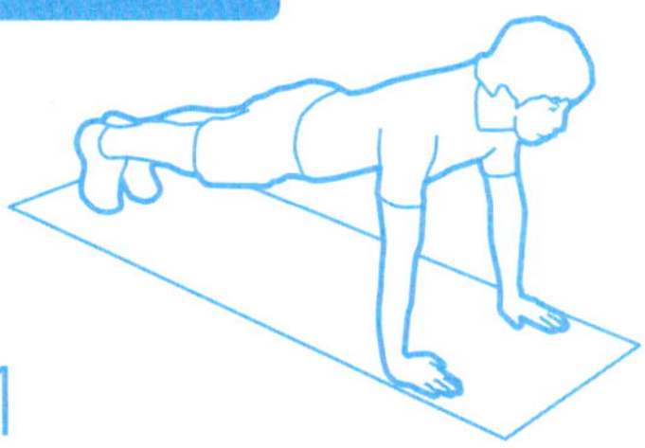

双手双脚撑地，全身伸展呈一条直线（俯卧撑的准备姿势）。

2

缓慢扭转身体，同时单手直直地伸向天花板，目光注视手指尖。

3

接着缓慢回到原位。左右交替进行。

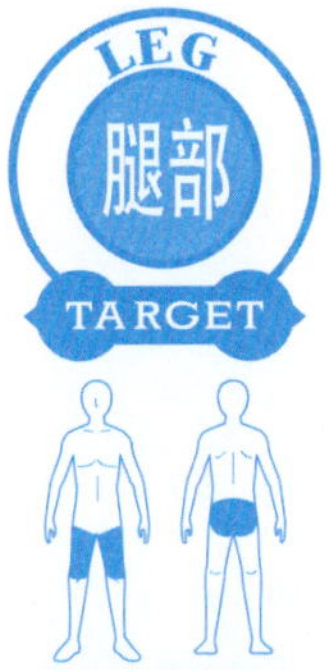

股四头肌
臀大肌

运动强度 ★★☆☆☆

坐椅蹲起

缓慢做 10 次

POINT
屈膝过程中保持后背挺直。

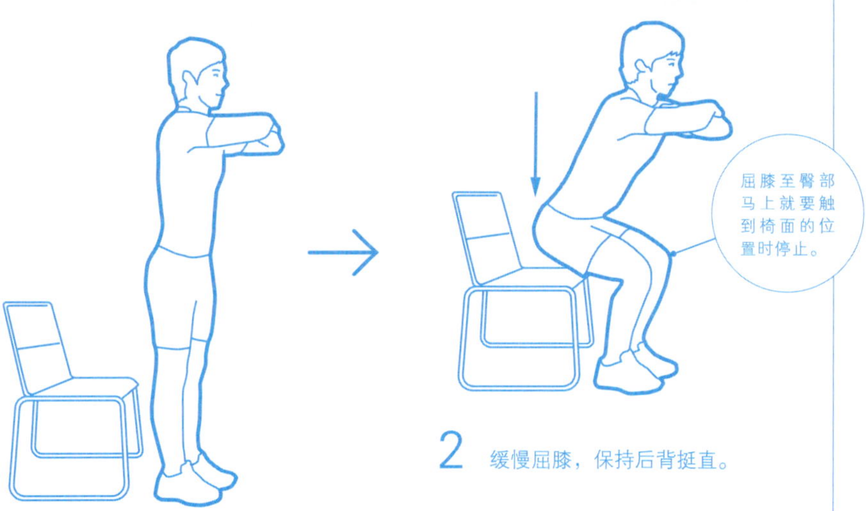

1
上身轻微前倾，臀部向后突出，好像马上要在身后的椅子上坐下。

2 缓慢屈膝，保持后背挺直。

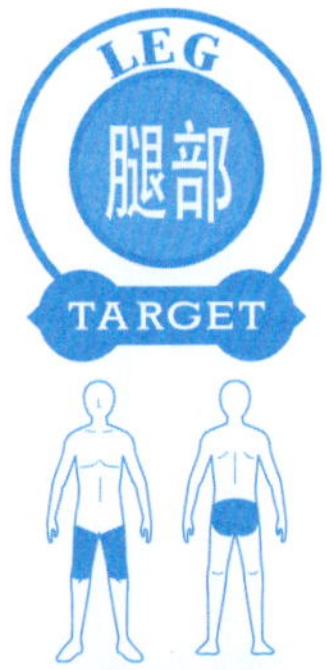

股四头肌
臀大肌

运动强度 ★★★☆☆

前弓步蹲

左右交替共 10 次

POINT
脚向前迈得过大的话，将恢复不到原位。

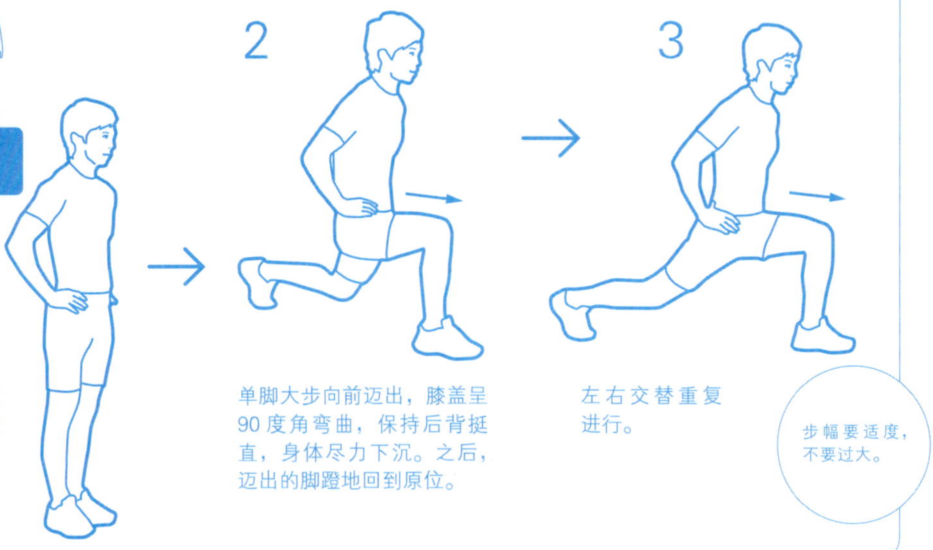

1
双腿并拢直立，双手放置腰间。

2
单脚大步向前迈出，膝盖呈 90 度角弯曲，保持后背挺直，身体尽力下沉。之后，迈出的脚蹬地回到原位。

3
左右交替重复进行。

LEG
腿部
TARGET

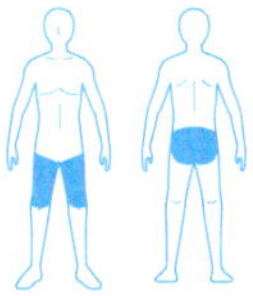

股四头肌
臀大肌

运动强度 ★★★☆☆

慢速蹲起

缓慢做 10 次

动作习惯之后，加长下蹲和回位的时间能够提高效果。

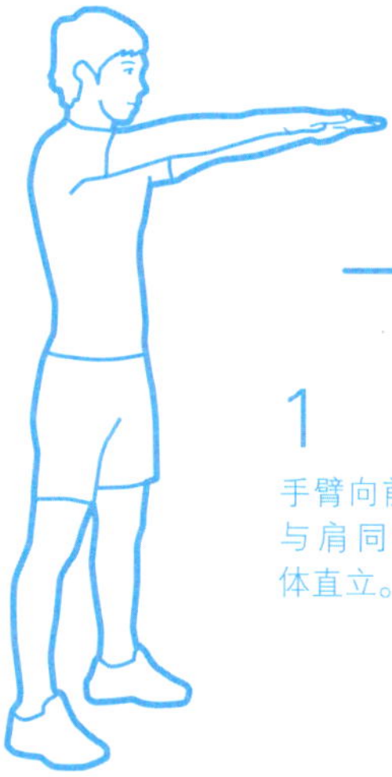

1
手臂向前伸直，与肩同高。身体直立。

2
身体缓慢下蹲，大约用时 3 秒。再用时大约 3 秒，缓慢回到原位。

POINT
两腿间距小的话，对大腿根外侧有锻炼效果；两腿间距大的话，对大腿根内侧有锻炼效果。

WAIST
腰部
TARGET

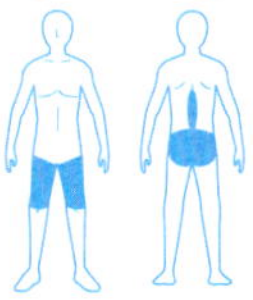

竖脊肌
臀大肌
股四头肌

运动强度 ★★★☆☆

过头深蹲

缓慢做 10 次

1
双脚张开与肩同宽，背部挺直站立。双臂向上伸直。

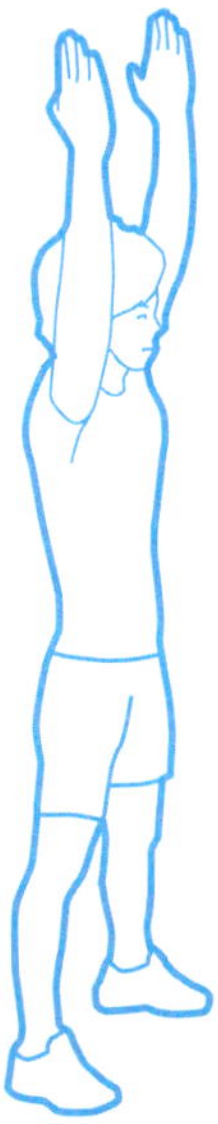

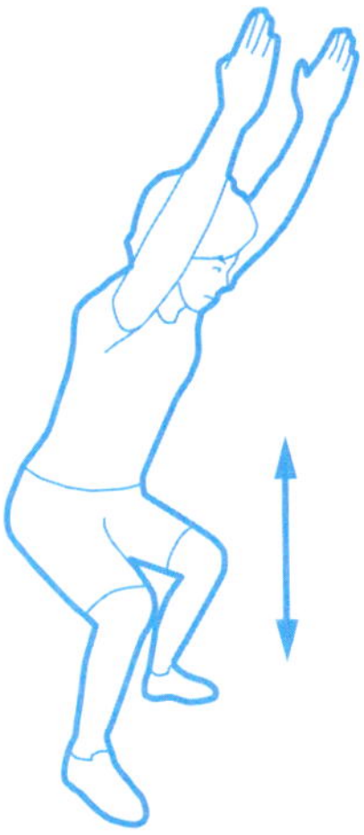

2
挺胸、挺直后背，做大幅度蹲起。

POINT
屈膝时，注意手臂不要放低，且不要驼背。

CHEST 胸 TARGET

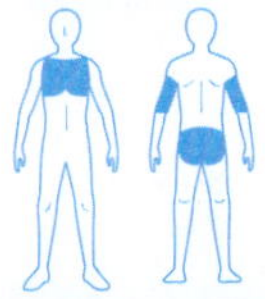

胸大肌
肱三头肌
臀大肌

运动强度 ★★★☆☆

单腿俯卧撑

左右各 **10** 次

POINT
腿要固定住抬高的姿势。

手掌下垫厚书进行俯卧撑。用别的平稳厚实的物件代替书也可以。最初动作和前面一样，注意单腿抬起并且身体呈一条直线，保持静止。

1

→

做俯卧撑时上半身下落至离地面越近效果越大。抬起的腿尽量不要碰到地面。

2

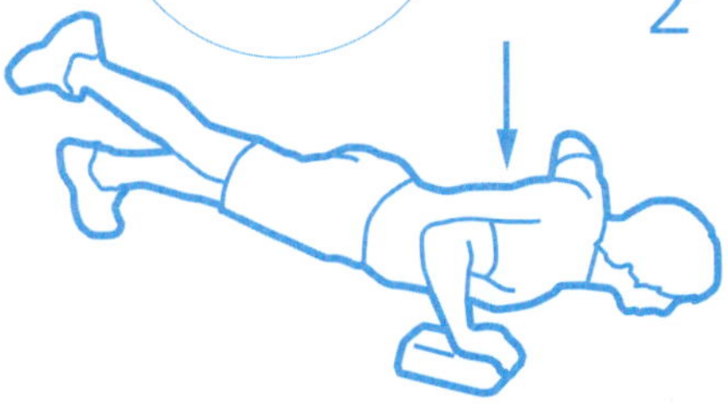

向下做俯卧撑。腿不要晃动。然后换另一侧腿重复上述动作。

CHEST 胸 TARGET

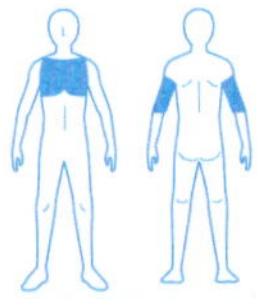

胸大肌
肱三头肌

运动强度 ★★★☆☆

支架俯卧撑

10 次

2

做俯卧撑。身体大幅下沉，胸部尽量贴近地面。

→

1

手握俯卧撑架，身体呈一条直线。

POINT
变化俯卧撑架摆放的位置能够刺激到胸大肌的不同部位。

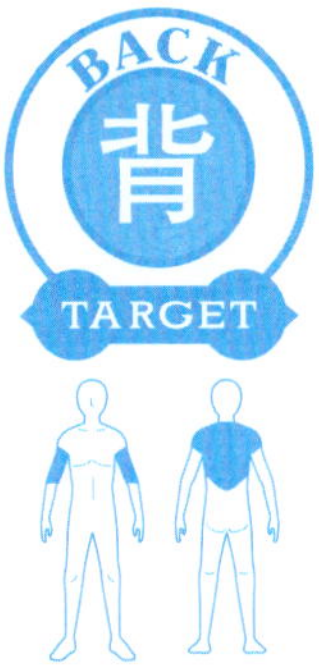

背阔肌
肱二头肌

运动强度 ★★★★☆

引体向上

缓慢做 **10** 次

POINT
保持挺胸，同时后背伸直的姿势做这个动作。

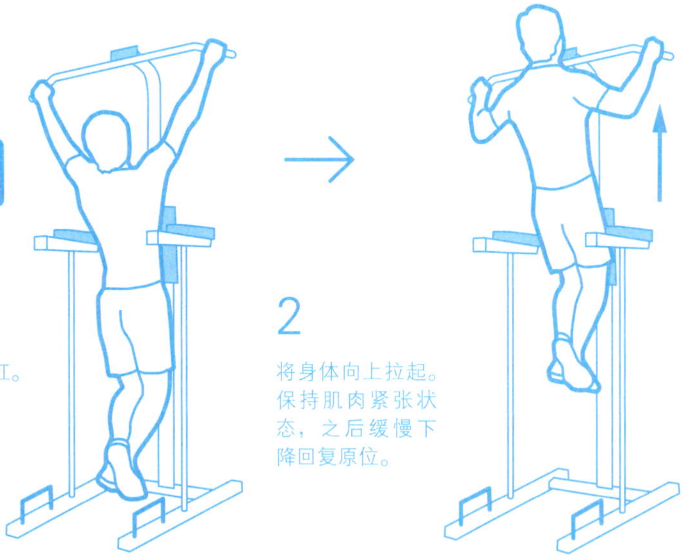

1
正手握住单杠。

2
将身体向上拉起。保持肌肉紧张状态，之后缓慢下降回复原位。

腹直肌
肱三头肌
股四头肌

运动强度 ★★★☆☆

撑椅臀部悬空

缓慢做 **5** 次

POINT
上半身略微向前倾，保持身体重心平衡。

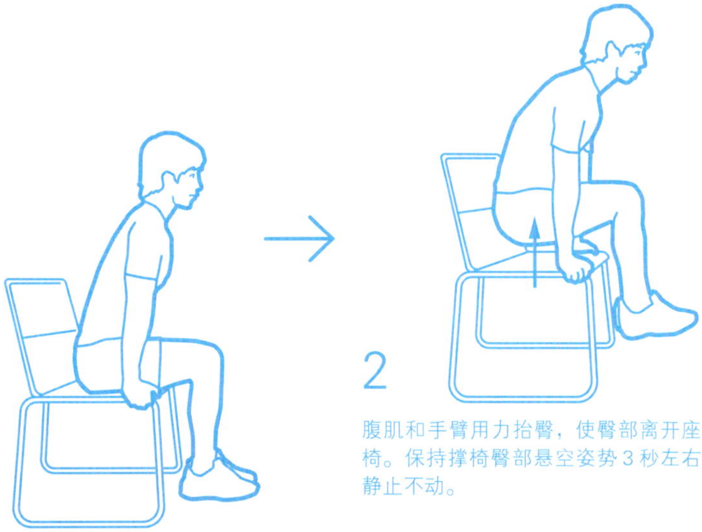

1
坐在椅子上，双手紧握座椅前端的两侧，后背挺直。上半身略微前倾，保持身体重心平衡。

2
腹肌和手臂用力抬臀，使臀部离开座椅。保持撑椅臀部悬空姿势3秒左右静止不动。

WAIST
腰部
TARGET

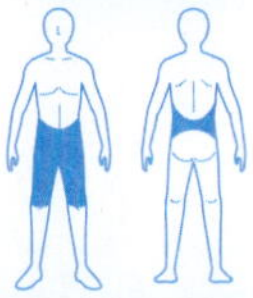

腹斜肌
腰大肌
股四头肌

运动强度 ★★☆☆☆

肘触膝式

左右各 **10** 次

POINT
动作不要缓慢拖沓，要有节奏地进行。

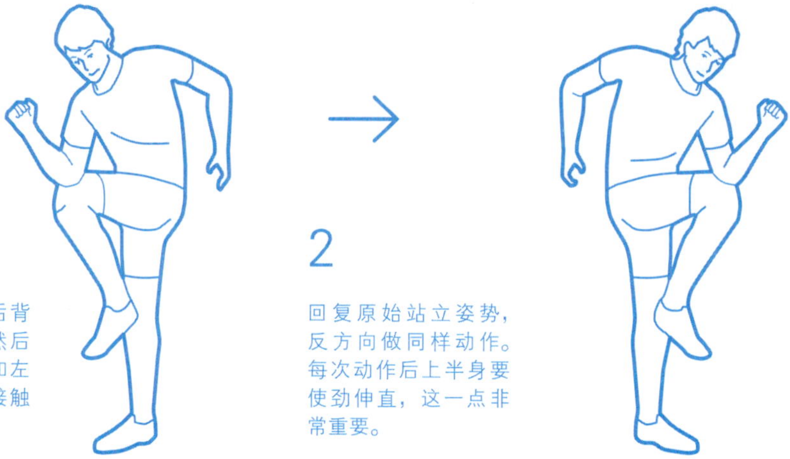

1

两脚与肩同宽，后背挺直保持站立，然后弯曲腰部使右肘和左膝互相靠近直至接触到为止。

2

回复原始站立姿势，反方向做同样动作。每次动作后上半身要使劲伸直，这一点非常重要。

WAIST
腰部
TARGET

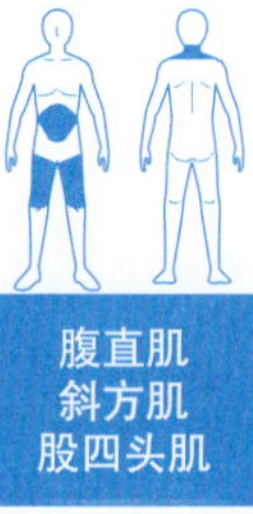

腹直肌
斜方肌
股四头肌

运动强度 ★★★★☆

滑轮健身

缓慢做 **10** 个来回

膝盖长时间直接跪在地上的话会痛，所以请在下面垫上垫子。

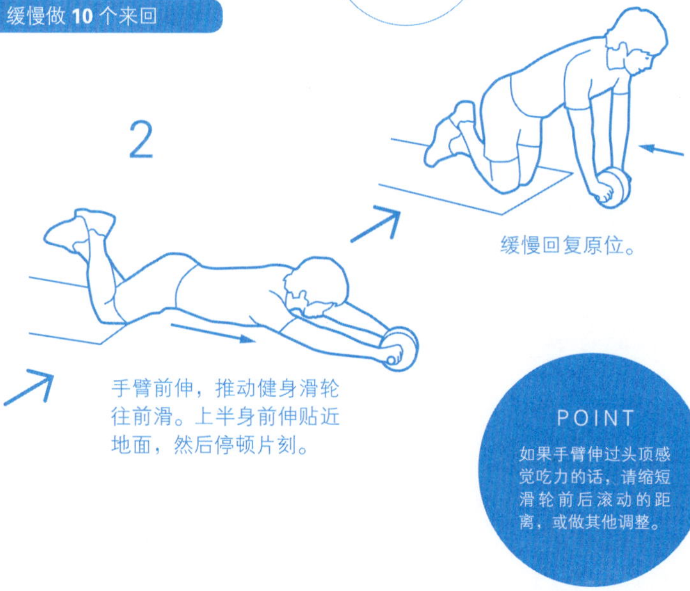

1

双膝并拢，跪在地上，后背挺直。

2

手臂前伸，推动健身滑轮往前滑。上半身前伸贴近地面，然后停顿片刻。

3

缓慢回复原位。

POINT
如果手臂伸过头顶感觉吃力的话，请缩短滑轮前后滚动的距离，或做其他调整。

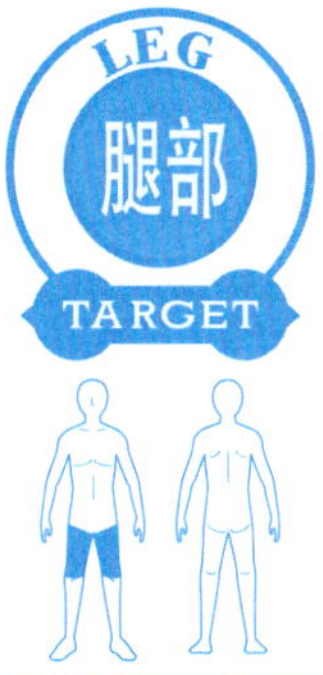

股四头肌

运动强度 ★☆☆☆☆

坐椅单腿伸展

左右各 **10** 次

POINT
不要使用反作用力蹬腿，注意力要集中在下腹和大腿处，缓慢进行。

膝盖以下部分要与座椅面平行

1

坐在椅子上，后背挺直。同时双手置于腰间。

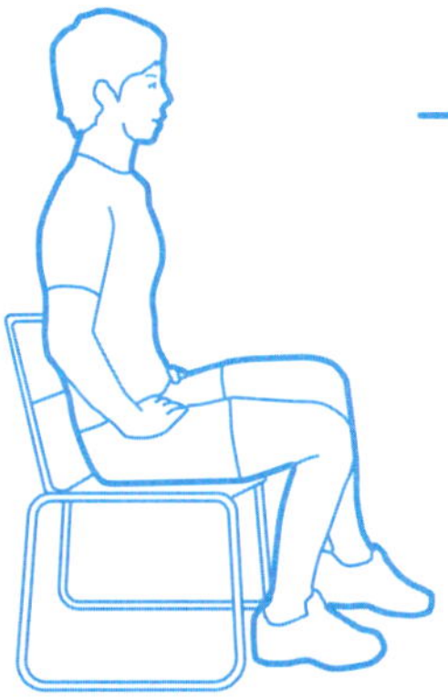

2

保持后背挺直，单腿单膝缓慢伸展。然后换另一侧腿重复上述动作。

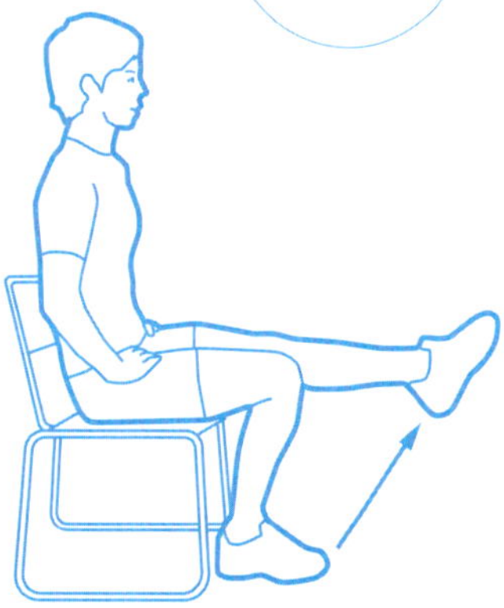

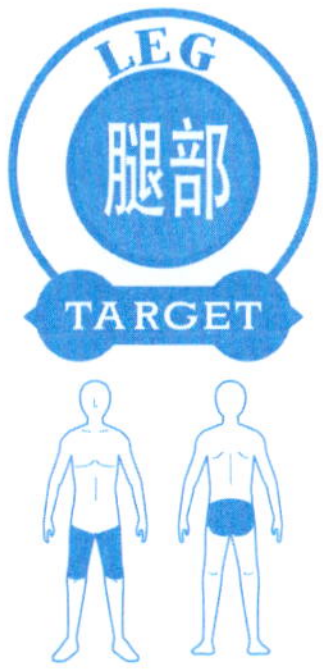

股四头肌
内收肌
臀大肌

运动强度 ★★★★☆

侧滑蹲起

缓慢做 **5** 个来回

POINT
对单脚的负荷比较大，所以无需勉强使劲做。

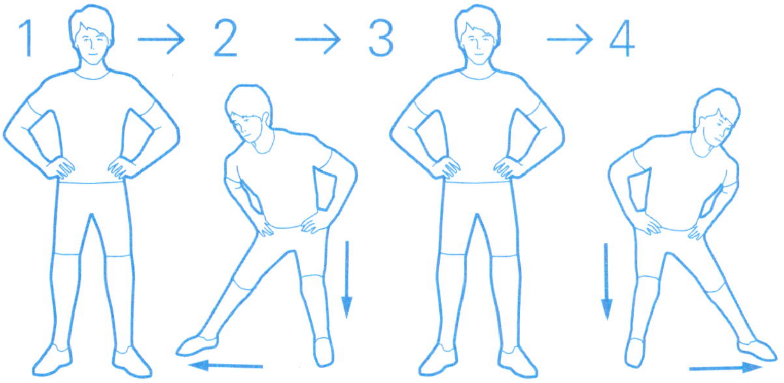

挺直身体站立，右脚缓慢向右平移，同时慢慢弯曲支撑身体的左腿，腰部下沉。

腿部向下感觉到吃力的时候，挪回右脚，回到 1 的姿势。

左脚缓慢向左平移，同时慢慢弯曲支撑身体的右腿。然后挪回左脚，回到 1 的姿势。

训练类型

尝试性训练

期间

1周内

主题

首先用轻松的运动获得真实的效果!

颠覆旧有观念，轻松而高效的简单训练项目

效果 & 反应

身体能够感受到特定肌肉、部位的锻炼效果

持之以恒地话会有以下效果

- **腹部收紧**
- **有柔韧性**
- **肌肉力量、体力有所提高**

适合人群

★想要从现在开始尝试挑战肌肉训练的人

挑战等级

★☆☆☆☆

1天
5分钟

首先，希望您能感受到，在轻松的实践中可以得到的“初期效果实感”。简单地说，这应该叫一种“这个也许靠谱”的期待感。请不要把它认为是痛苦的事情，请怀着期待的心情去尝试吧。这才是享受训练并能够坚持下去的要点，并且，以前您对肌肉训练的观念一定会有所转变。

注 这个训练计划适合从现在开始想把肌肉训练作为习惯坚持下去的人。训练了一段时间后，身体和肌肉将习惯训练动作，体力也将会渐渐跟上。在这之后，再结合训练目标尝试一下下页往后的训练类型吧。

组数数　（尽可能每天）各 1 组，有余力可做 2 组

运动强度 ★★★☆☆

平板支撑

保持该姿势 30 秒

WAIST 腰部 TARGET

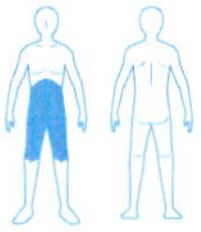

腹直肌
股四头肌

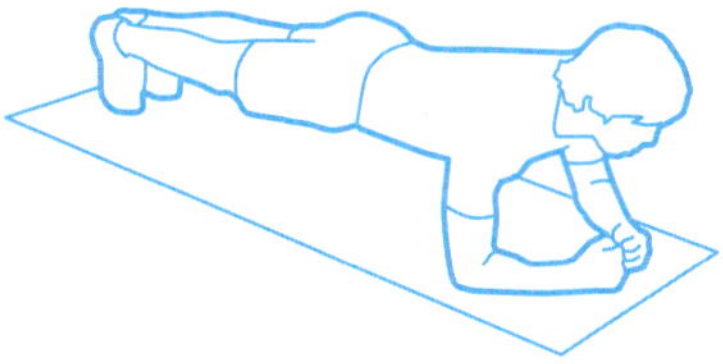

俯卧，双肘双膝触地，双肘支撑地面，抬起双膝，身体保持一条直线。保持该姿势 30 秒静止不动。

运动强度 ★★☆☆☆

抬肘训练

缓慢做 5 次

CHEST 胸 TARGET

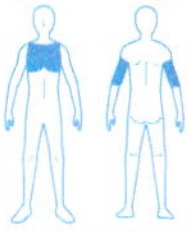

胸大肌
肱三头肌

双肘放置胸前，双手合掌。双手互相用力，同时双肘缓慢上提。随后缓慢回到原位。手掌要一直用力，同时保持呼吸自然。

运动强度 ★★☆☆☆

肘触膝式

左右交替共 10 次

WAIST 腰部 TARGET

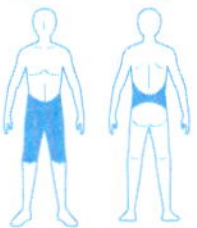

腹斜肌
腰大肌
股四头肌

两脚与肩同宽，后背挺直保持站立，然后弯曲腰部使右肘和左膝互相靠近直至接触到为止。回复原站立姿势，反方向做同样动作。每次动作后上半身要使劲伸直，这一点非常重要。

运动强度 ★☆☆☆☆

坐椅单腿伸展

左右各 10 次

LEG 腿部 TARGET

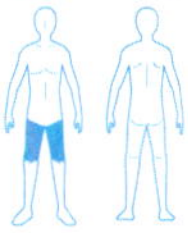

股四头肌

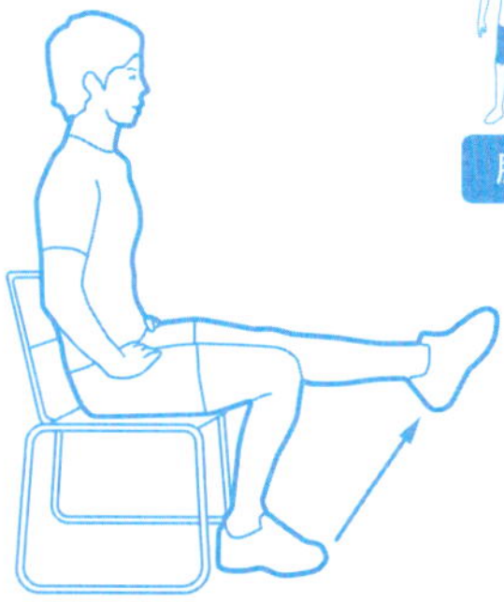

坐在椅子上，后背挺直。同时双手置于腰间，保持后背挺直，单腿单膝缓慢伸展。然后换另一侧腿重复上述动作。

※ 请按照左上、右上、左下、右下的顺序进行。

训练类型

短期集中瘦身训练

期间

2周内

主题

2周后瘦一圈！
从容迎接夏天

效果 & 反应

腹肌和躯干得到
切实的锻炼，
全身感觉到由内而外的舒畅

持之以恒地话会有以下效果

- **全身的代谢提高**
- **强化腹肌**
- **肌肉力量、体力有所提高**

适合人群

★感觉自己运动不足的人
★想要练就不易发胖体质的人

挑战等级

★★★☆☆

MON	TUE	WED	THU	FRI	SAT	SUN
(1)	2	(3)	4	5	(6)	7
(8)	9	10	(11)	12	(13)	(14)
15	16	17	18	19	20	21
22	23	24	25	26	27	28
29	30	31				

第1天
进行 2 组

第3天
进行 2 组

第6天
进行 3 组

第8天
进行 4 组

第11天
进行 3 组

第13天
进行 3 组

第14天
进行 4 组

刚开始可能有做不惯、吃力的训练项目，这个时候不用勉强去做。

※ 做不到规定的次数没有关系，请逐渐去适应。
※ 特别是平板支撑这项可能会比较吃力，如果是这样的话，无需坚持那么长时间，或者膝盖着地进行也可以。

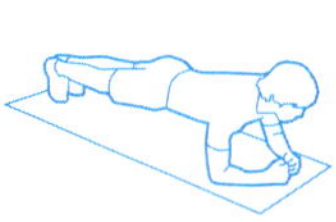
■平板支撑

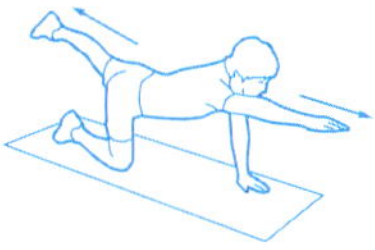
■飞犬式

■手触脚尖

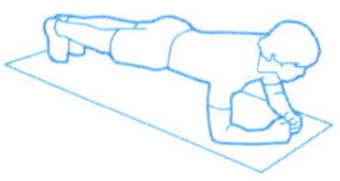
■平板支撑

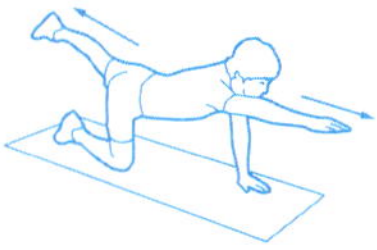
■飞犬式

■手触脚尖

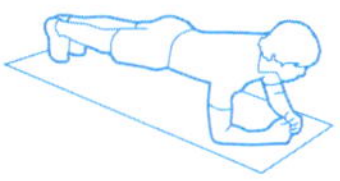
■平板支撑

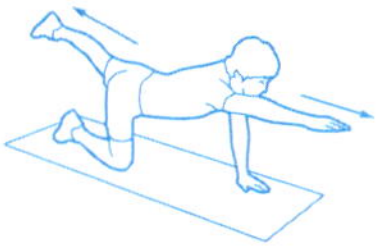
■飞犬式

■手触脚尖

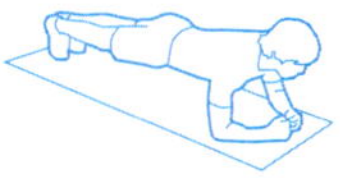
■平板支撑

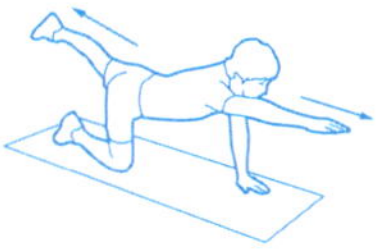
■飞犬式

■手触脚尖

■坐椅蹲起

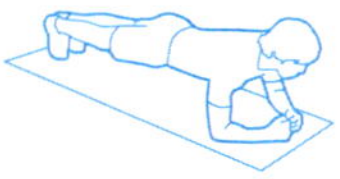
■平板支撑

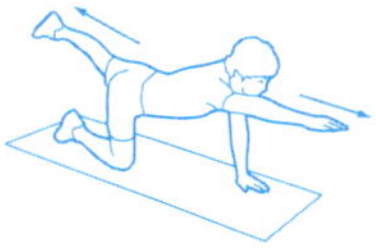
■飞犬式

■手触脚尖

■坐椅蹲起

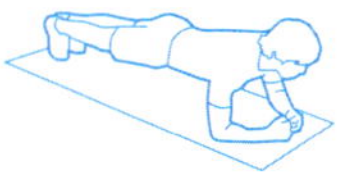
■平板支撑

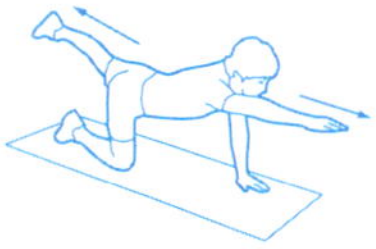
■飞犬式

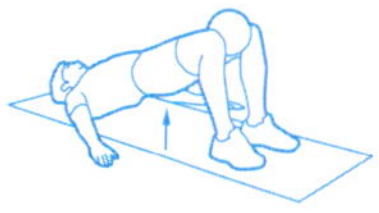
■夹球提臀

■手触脚尖

■坐椅蹲起

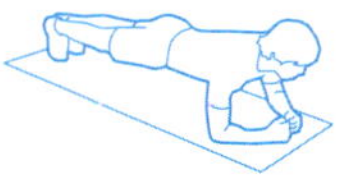
■平板支撑

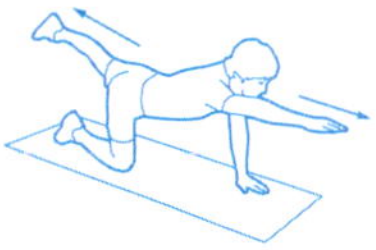
■飞犬式

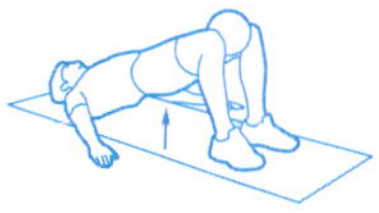
■夹球提臀

※ 请按从左到右的顺序进行。

训练类型

瘦腹短期训练

期间

2周内

主题

综合紧实下腹和侧腹

效果 & 反应

逐渐塑造腹肌
逐步体验腹部周围各部位的紧致效果

持之以恒地话会有以下效果

- **腰围缩小**
- **脂肪减少、腹肌强化**
- **身体轴心强化**

适合人群

★对腹腰部位比较在意的人
★想预防和消除“三高”的人
★想要练就不易发胖体质的人

挑战等级

★★★☆☆

MON	TUE	WED	THU	FRI	SAT	SUN
(1)	2	(3)	4	(5)	6	(7)
(8)	9	(10)	(11)	12	(13)	(14)
15	16	17	18	19	20	21
22	23	24	25	26	27	28
29	30	31				

第 1 天
进行 2 组

第 3 天
进行 2 组

第 5 天 第 7 天 第 8 天
进行 3 组

第 10 天 第 11 天
进行 3 组

第 13 天
进行 3 组

第 14 天
进行 3 组

无论什么人，位于皮下脂肪的腹肌都是分块呈现的，坚持按照本训练计划练习的话，完美塑造出6块腹肌绝对不是做梦。此外，腹肌比其他肌肉的耐力都要强，采用略强的（有些吃力的程度）运动负荷来进行是非常重要的。

※ 每组训练的次数可以从力所能及的范围开始。

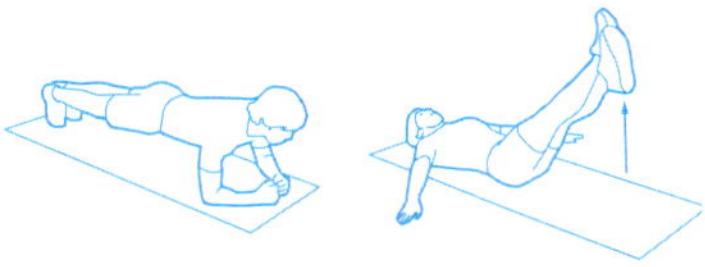

■平板支撑 ■仰卧抬腿

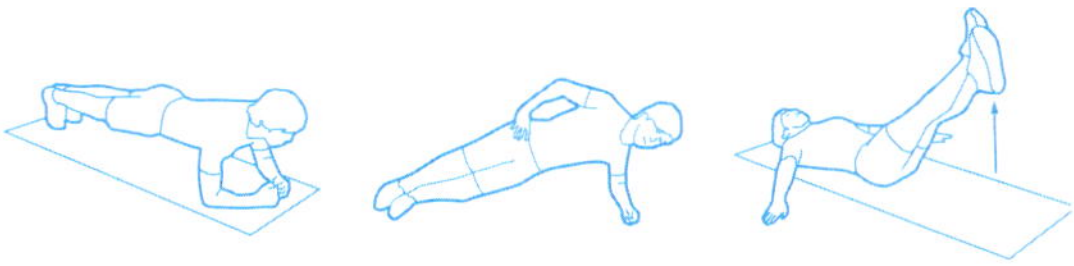

■平板支撑 ■侧向平板支撑 ■仰卧抬腿

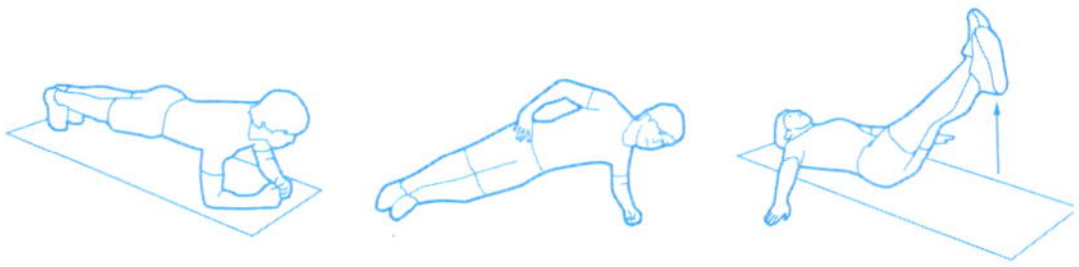

■平板支撑 ■侧向平板支撑 ■仰卧抬腿

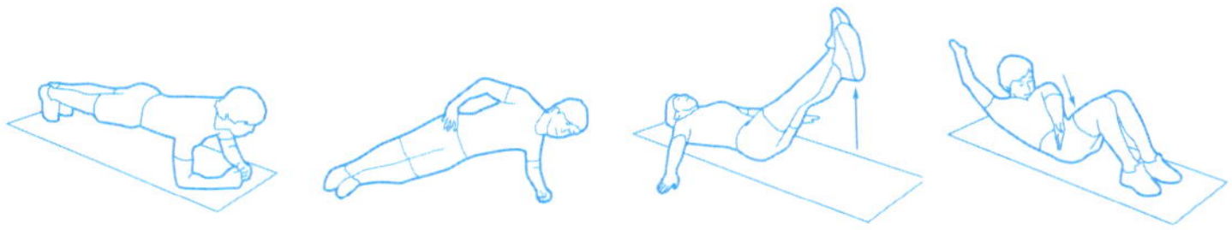

■平板支撑 ■侧向平板支撑 ■仰卧抬腿 ■十字劈掌仰卧起坐

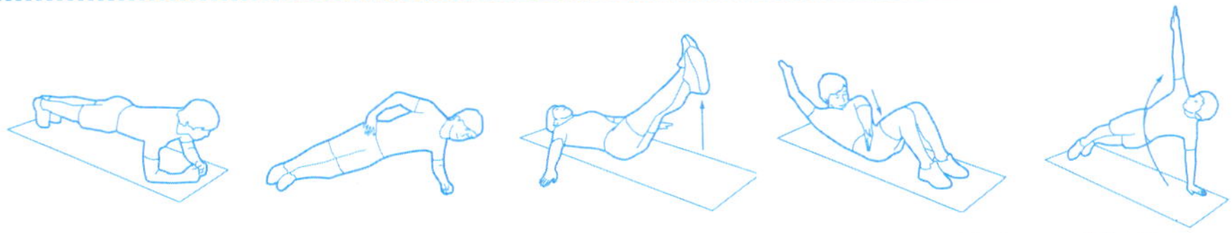

■平板支撑 ■侧向平板支撑 ■仰卧抬腿 ■十字劈掌仰卧起坐 ■转体训练

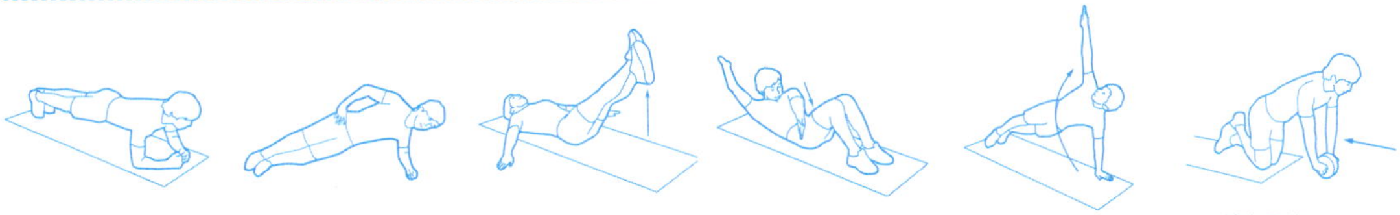

■平板支撑 ■侧向平板支撑 ■仰卧抬腿 ■十字劈掌仰卧起坐 ■转体训练 ■健身滑轮

※ 请按从左到右的顺序进行。

训练类型

“穿衣显瘦脱衣有肉”体型训练

期间

1 个月

主题

充分锻炼表层骨骼肌

效果 & 反应

脂肪减少、肌肉增加！
感受肉眼能看得到的变化

持之以恒地话会有以下效果

- **“倒三角”型的上半身**
- **身体柔韧度增强**
- **肌肉力量、体力有所提高**

适合人群

★想拥有“型男”般肌肉的人
★想拥有厚实的上半身的人
★运动不足的人

挑战等级

★★★★☆

MON	TUE	WED	THU	FRI	SAT	SUN
1	2	3	4	5	6	7
8	9	10	11	12	13	14
15	16	17	18	19	20	21
22	23	24	25	26	27	28
29	30	31				

第 1 周
每隔 1 天进行 2 组

第 2 周
每隔 1 天进行 2 组

第 3 周
每隔 1 天进行 3 组

第 4 周
每隔 2 天进行 3 组

做交替俯卧撑时使用俯卧撑架，如果能用引体向上代替抱膝仰卧起坐的话，效果会更佳。

■支架俯卧撑

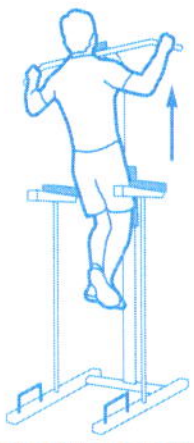
■引体向上

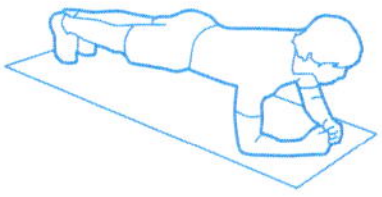
■平板支撑

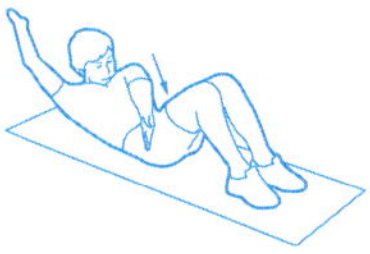
■十字劈掌仰卧起坐

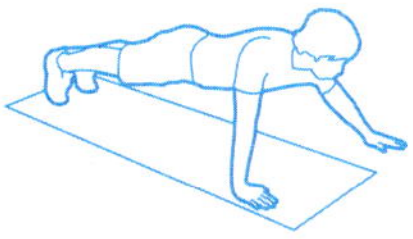
■交替俯卧撑

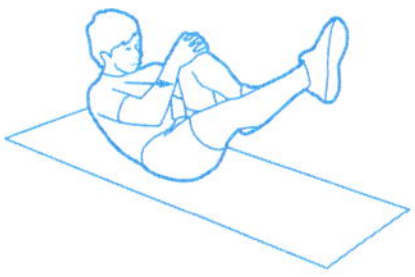
■抱膝仰卧起坐

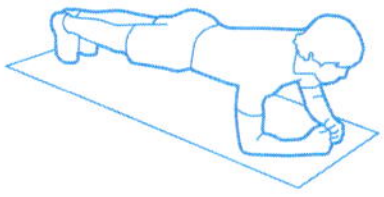
■平板支撑

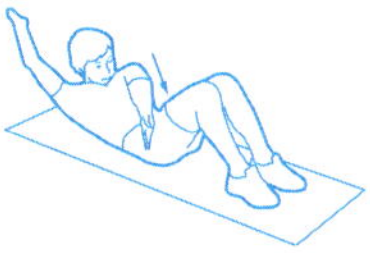
■十字劈掌仰卧起坐

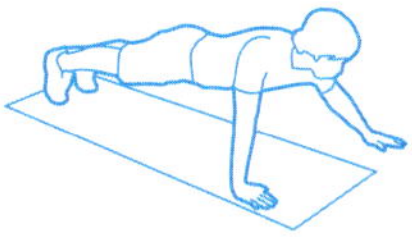
■交替俯卧撑

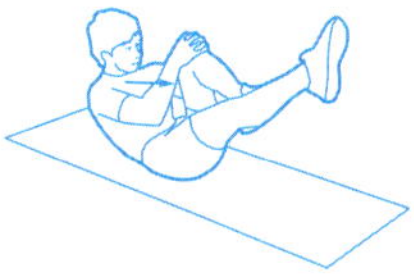
■抱膝仰卧起坐

■哑铃侧平举

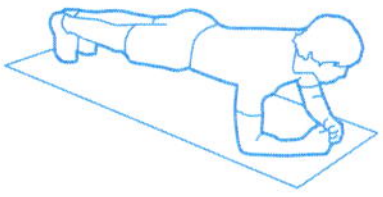
■平板支撑

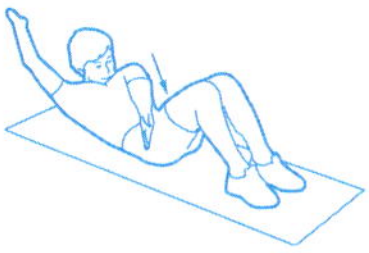
■十字劈掌仰卧起坐

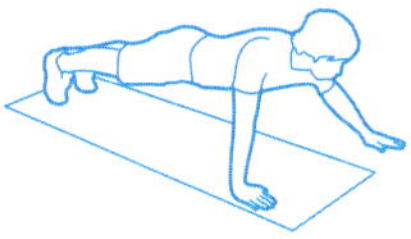
■交替俯卧撑

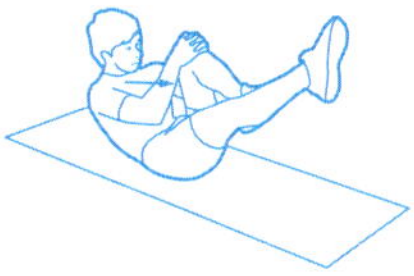
■抱膝仰卧起坐

■哑铃侧平举

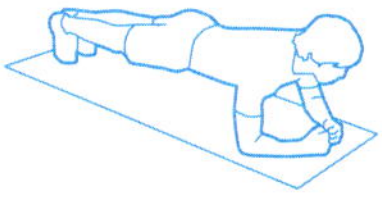
■平板支撑

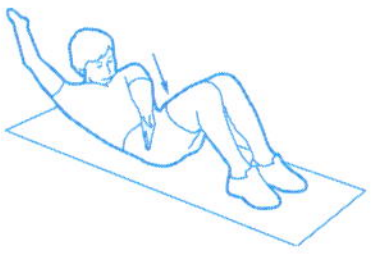
■十字劈掌仰卧起坐

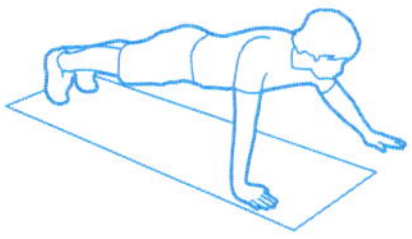
■交替俯卧撑

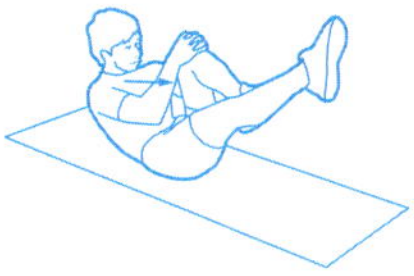
■抱膝仰卧起坐

■哑铃侧平举

■前弓步蹲

※ 请按从左到右、由上到下的顺序进行。

训练类型

美丽曼妙体型训练

（女性适用）

期间

1个月

主题

塑造柔韧的肌肉
和极具曼妙的美丽轮廓

效果 & 反应

练出修长的美腿和细腰！
躯干和背部肌肉强化、
代谢水平提高

持之以恒地话会有以下效果

· 细腰、提胸
· 身体柔韧度增强
· 肌肉力量、体力有所提高

适合人群

★想纠正站姿的人
★想突出各部位柔韧性的人
★运动不足的人

挑战等级

★★★☆☆

MON	TUE	WED	THU	FRI	SAT	SUN
(1)	2	(3)	4	(5)	6	(7)
8	(9)	10	(11)	12	(13)	14
(15)	16	(17)	18	(19)	20	(21)
22	(23)	24	25	(26)	27	28
(29)	30	(31)				

第1周
每隔1天进行2组

第2周
每隔1天进行2组

第3周
每隔1天进行3组

第4周
每隔2天进行3组

为了塑造良好的身型，训练过程中不要憋气，要自然缓慢地深呼吸。多吸入氧气可以使体内的脂肪得到高效燃烧。此外，如果有富余的体力或时间，可以增加次数或组数，进一步提高塑身效果。

※1 组做 10 次改为做 15 次，组数多做 1~2 组，这样多努力训练一些的话最好。

■抬肘训练

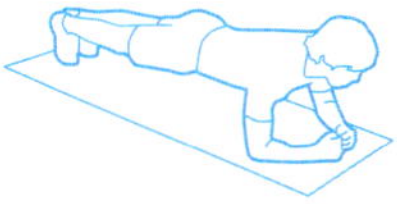
■平板支撑

■侧向平板支撑

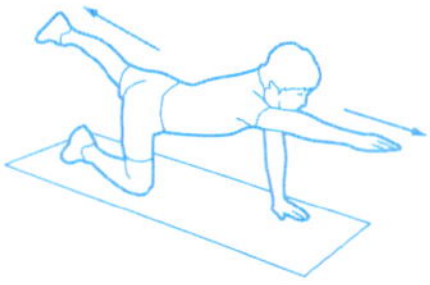
■飞犬式

■单腿平衡

■抬肘训练

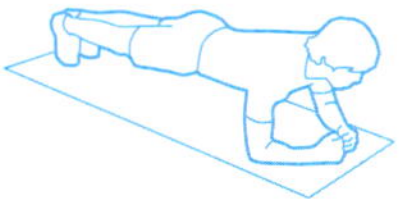
■平板支撑

■侧向平板支撑

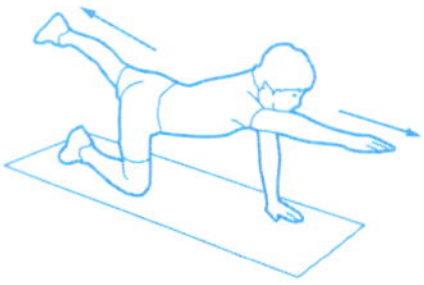
■飞犬式

■单腿平衡

■抬肘训练

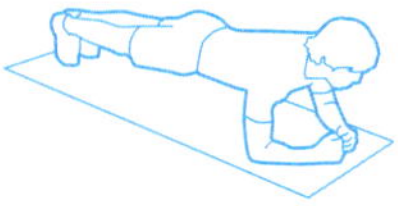
■平板支撑

■侧向平板支撑

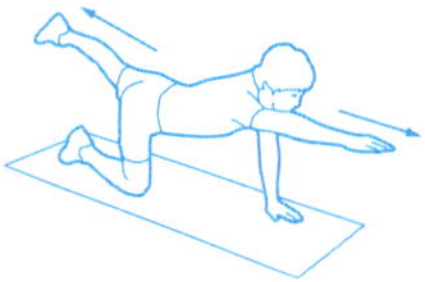
■飞犬式

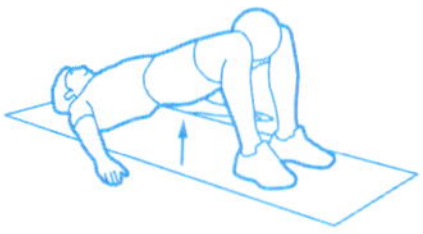
■夹球提臀

■单腿平衡

■抬肘训练

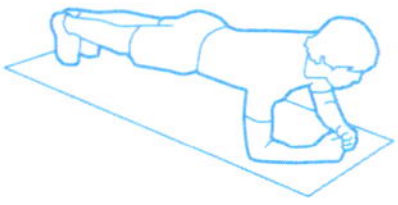
■平板支撑

■侧向平板支撑

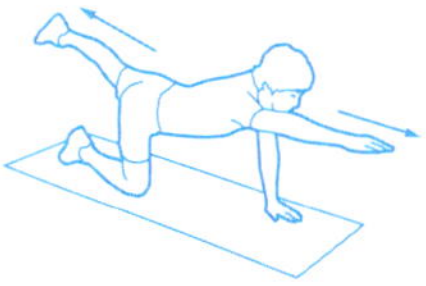
■飞犬式

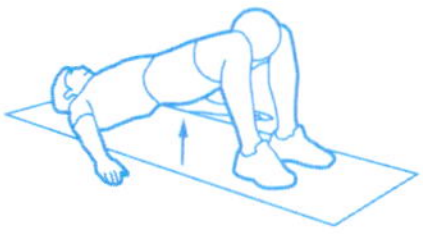
■夹球提臀

■手臂撑椅后伸

※ 请按从左到右、由上到下的顺序进行。

训练类型

年训练计划

（男性适用）

期间

1～3个月

主题

甩掉无用赘肉，练就有存在感的肌肉

效果 & 反应

减少肚子周围的脂肪
增加上半身的厚实度

持之以恒地话会有以下效果

- **形成倒三角，又瘦又显肌肉**
- **身体柔韧度增强**
- **肌肉力量、体力有所提高**

适合人群

★想练肌肉又想变瘦的人
★以健康的运动员体型为目标的人

挑战等级

★★★☆☆

MON	TUE	WED	THU	FRI	SAT	SUN
1	2	3	4	5	6	7
8	9	10	11	12	13	14
15	16	17	18	19	20	21
22	23	24	25	26	27	28
29	30	31				

第 1 月

每隔 1 天进行 2 组

MON	TUE	WED	THU	FRI	SAT	SUN
1	2	3	4	5	6	7
8	9	10	11	12	13	14
15	16	17	18	19	20	21
22	23	24	25	26	27	28
29	30	31				

第 2 月

每隔 1 天进行 3 组

MON	TUE	WED	THU	FRI	SAT	SUN
1	2	3	4	5	6	7
8	9	10	11	12	13	14
15	16	17	18	19	20	21
22	23	24	25	26	27	28
29	30	31				

第 3 月

每隔 1 天进行 3 组

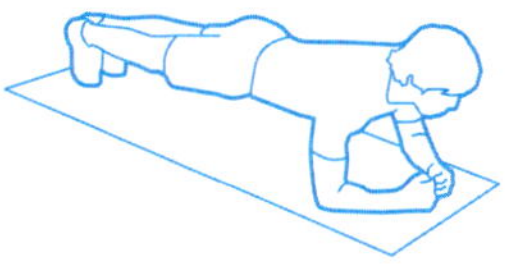
■平板支撑

■仰卧抬腿

■侧向平板支撑

■抬肘训练

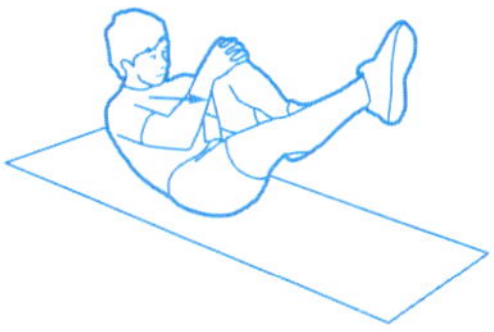
■抱膝仰卧起坐

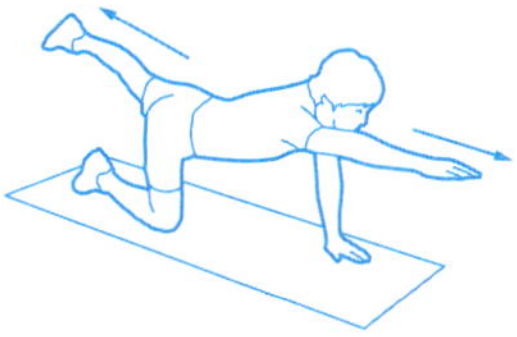
■飞犬式

■坐椅蹲起

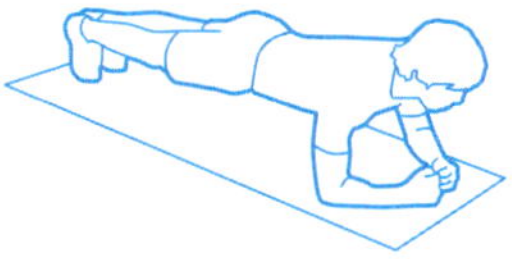
■平板支撑

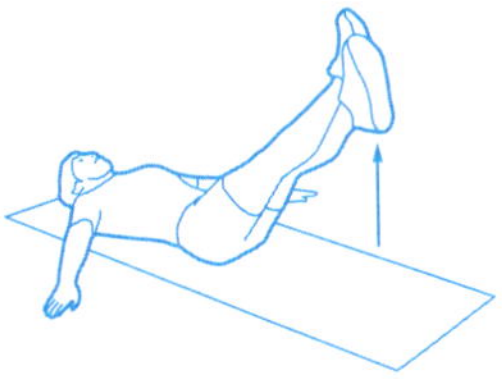
■仰卧抬腿

■侧向平板支撑

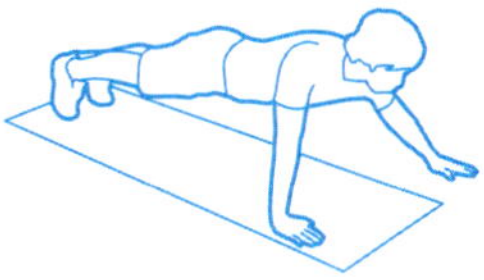
■交替俯卧撑

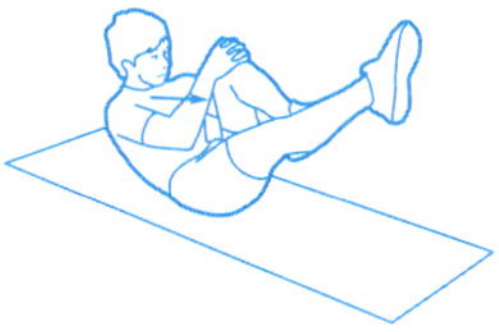
■抱膝仰卧起坐

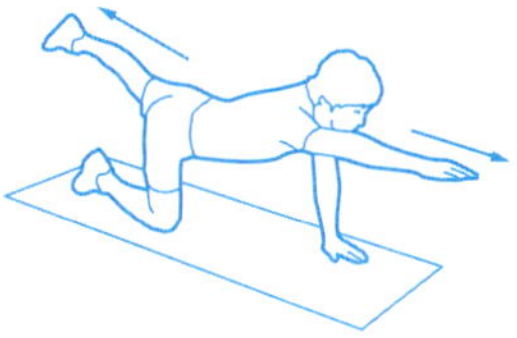
■飞犬式

■慢速蹲起

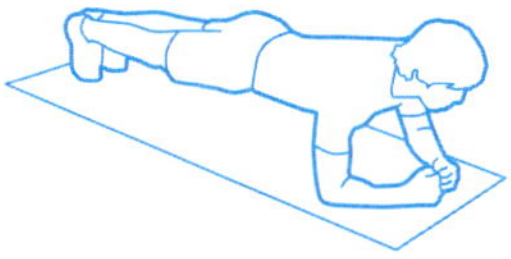
■平板支撑

■仰卧抬腿

■侧向平板支撑

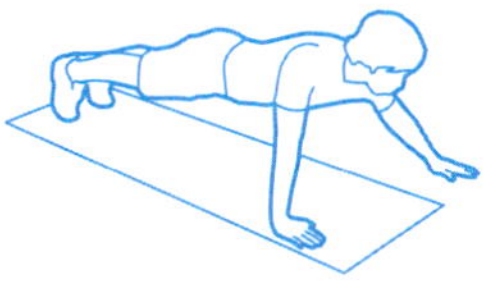
■交替俯卧撑

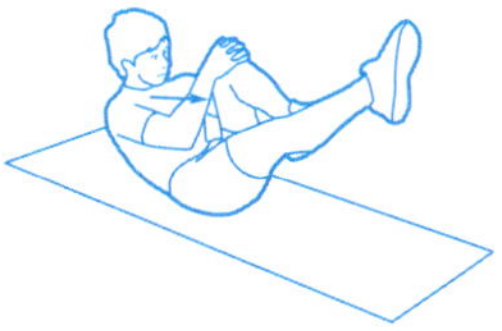
■抱膝仰卧起坐

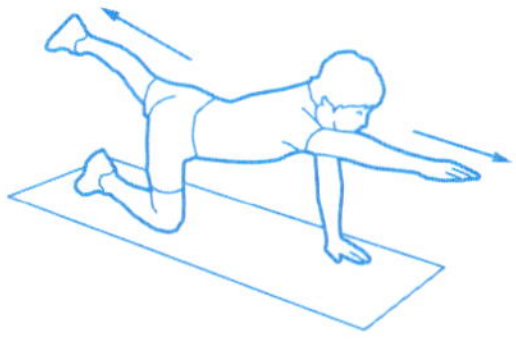
■飞犬式

■哑铃侧平举

※ 请按从左到右、由上到下的顺序进行。

第7月

每隔 1 天
进行 3 组

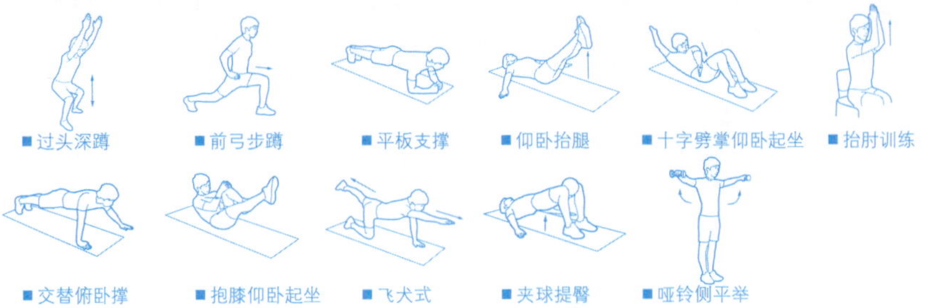

第8月

每隔 1 天
进行 3 组

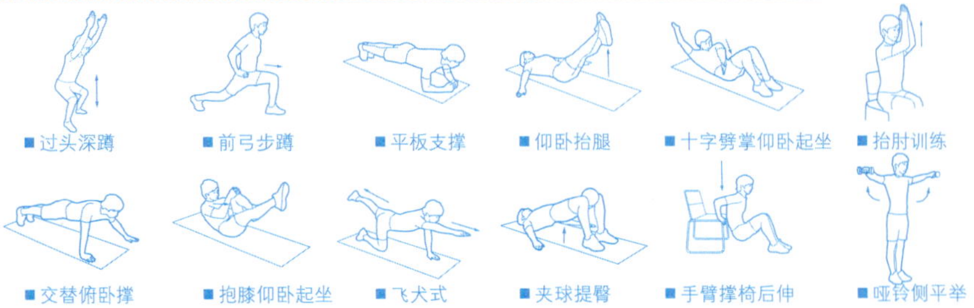

第9月

每隔 1 天
进行 4 组

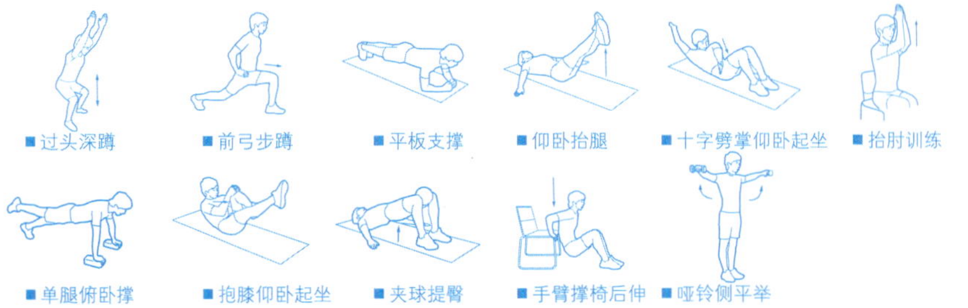

第10月

每隔 2 天
进行 3 组

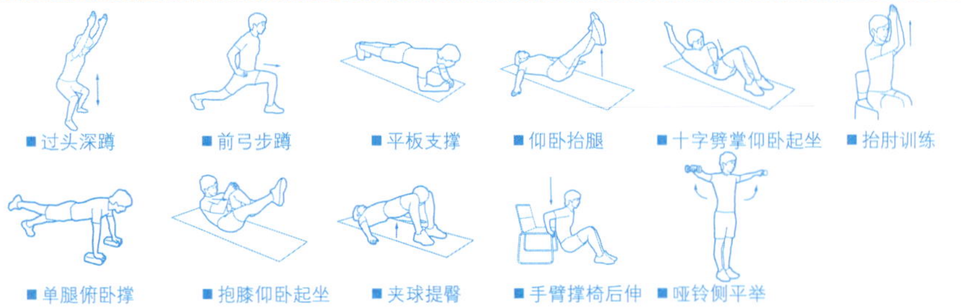

第11月

每隔 2 天
进行 4 组

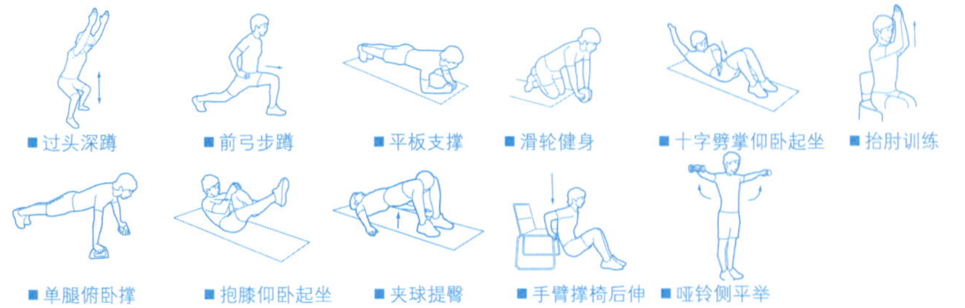

第12月

每隔 2 天
进行 4 组

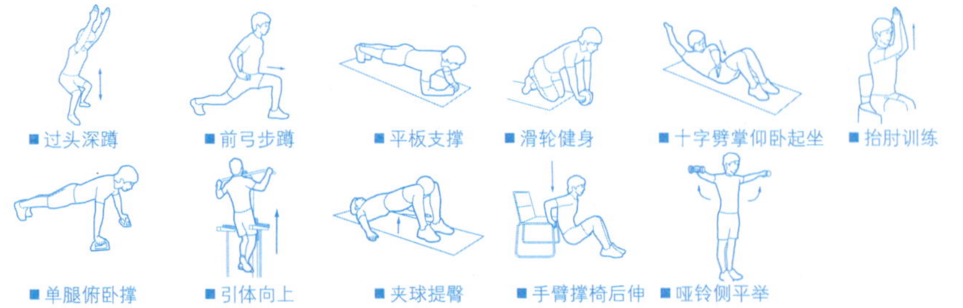

※ 请按从左到右、由上到下的顺序进行。

训练类型

年训练计划

（男性适用）

期间

4～6个月

主题

通过对下半身肌肉的强化和训练细项的追加，加快训练速度，展现出真正的效果

效果 & 反应

凸显倒三角的轮廓，塑造更加立体的身型

持之以恒地话会有以下效果

- **形成倒三角，又瘦又显肌肉**
- **身体柔韧度增强**
- **肌肉力量、体力都有所提高**

适合人群

★想练肌肉又想变瘦的人
★以健康的运动员体型为目标的人
★想得到实在的训练效果的人

挑战等级

★★★☆☆

MON	TUE	WED	THU	FRI	SAT	SUN
1	2	3	4	5	6	7
8	9	10	11	12	13	14
15	16	17	18	19	20	21
22	23	24	25	26	27	28
29	30	31				

第4月

每隔1天进行3组

MON	TUE	WED	THU	FRI	SAT	SUN
1	2	3	4	5	6	7
8	9	10	11	12	13	14
15	16	17	18	19	20	21
22	23	24	25	26	27	28
29	30	31				

第5月

每隔1天进行3组

MON	TUE	WED	THU	FRI	SAT	SUN
1	2	3	4	5	6	7
8	9	10	11	12	13	14
15	16	17	18	19	20	21
22	23	24	25	26	27	28
29	30	31				

第6月

每隔1天进行3组

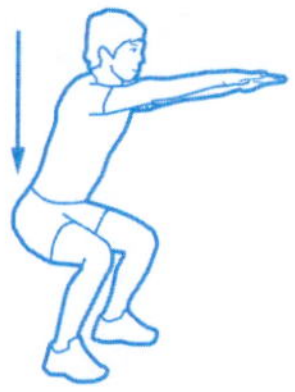
■慢速蹲起

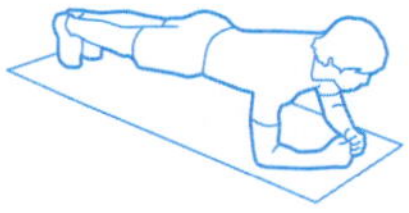
■平板支撑

■仰卧抬腿

■转体训练

■抬肘训练

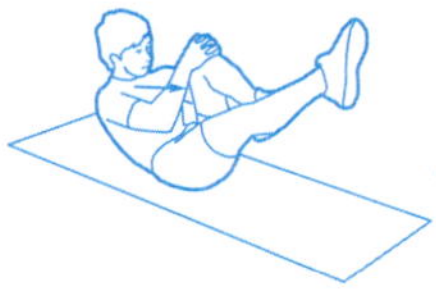
■抱膝仰卧起坐

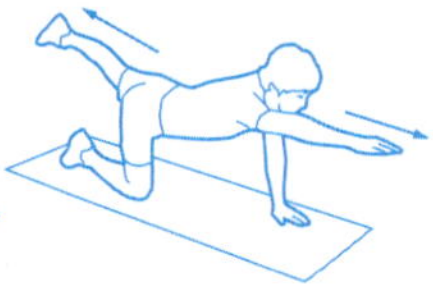
■飞犬式

■哑铃侧平举

■慢速蹲起

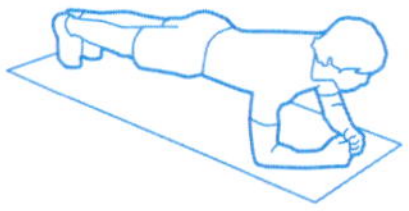
■平板支撑

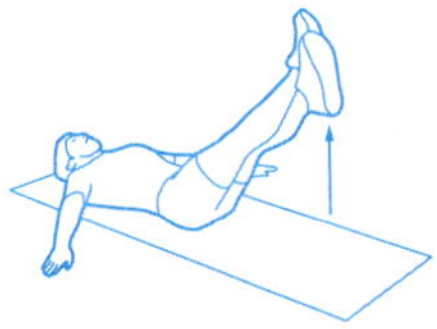
■仰卧抬腿

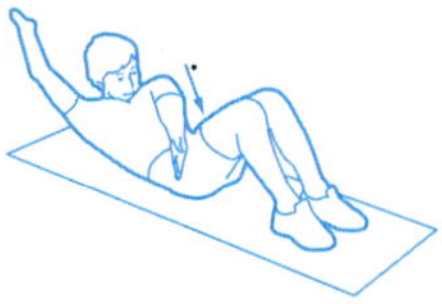
■十字劈掌仰卧起坐

■抬肘训练

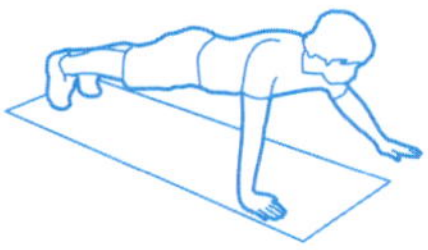
■交替俯卧撑

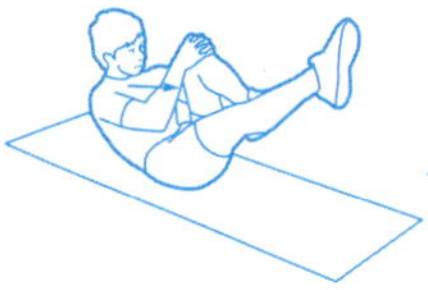
■抱膝仰卧起坐

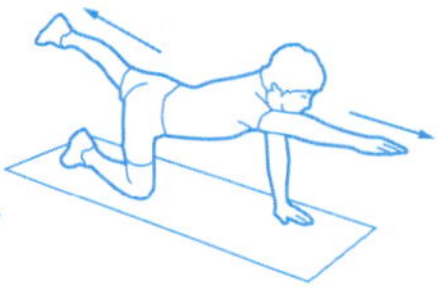
■飞犬式

■哑铃侧平举

■慢速蹲起

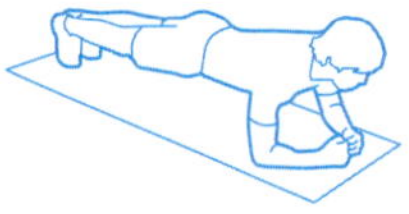
■平板支撑

■仰卧抬腿

■十字劈掌仰卧起坐

■抬肘训练

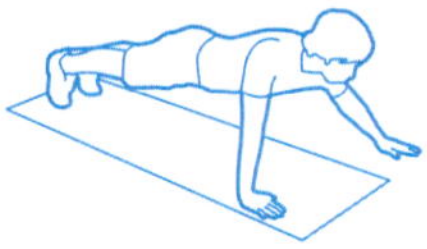
■交替俯卧撑

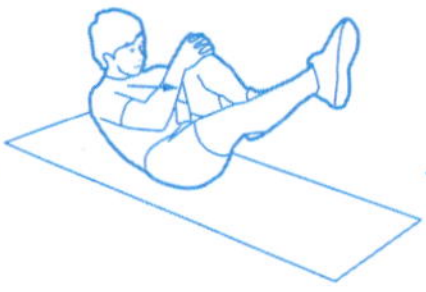
■抱膝仰卧起坐

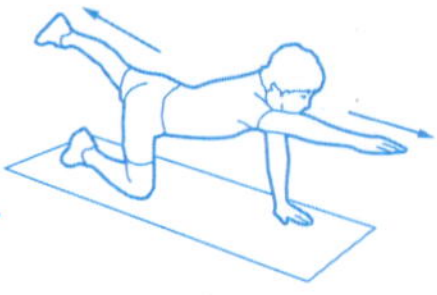
■飞犬式

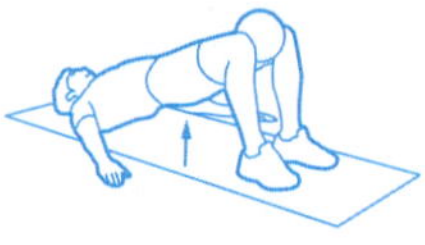
■夹球提臀

■哑铃侧平举

※ **请按从左到右、由上到下的顺序进行。**

训练类型

年训练计划

（男性适用）

期间

7～12个月

主题

进一步提高训练效果，塑造“穿什么都有型”的运动员体型

效果 & 反应

“肌纤维”变粗，让别人透过衣服能明显看出厚实的胸板和宽阔的后背。

持之以恒地话会有以下效果

- **呈现倒三角，又瘦又显肌肉**
- **身体柔韧度增强**
- **肌肉力量、体力有所提高**

适合人群

★以健康的运动员体型为目标的人

★想得到实在的训练效果的人

挑战等级

★★★★☆

MON	TUE	WED	THU	FRI	SAT	SUN
1	2	3	4	5	6	7
8	9	10	11	12	13	14
15	16	17	18	19	20	21
22	23	24	25	26	27	28
29	30	31				

MON	TUE	WED	THU	FRI	SAT	SUN
1	2	3	4	5	6	7
8	9	10	11	12	13	14
15	16	17	18	19	20	21
22	23	24	25	26	27	28
29	30	31				

MON	TUE	WED	THU	FRI	SAT	SUN
1	2	3	4	5	6	7
8	9	10	11	12	13	14
15	16	17	18	19	20	21
22	23	24	25	26	27	28
29	30	31				

MON	TUE	WED	THU	FRI	SAT	SUN
1	2	3	4	5	6	7
8	9	10	11	12	13	14
15	16	17	18	19	20	21
22	23	24	25	26	27	28
29	30	31				

MON	TUE	WED	THU	FRI	SAT	SUN
1	2	3	4	5	6	7
8	9	10	11	12	13	14
15	16	17	18	19	20	21
22	23	24	25	26	27	28
29	30	31				

MON	TUE	WED	THU	FRI	SAT	SUN
1	2	3	4	5	6	7
8	9	10	11	12	13	14
15	16	17	18	19	20	21
22	23	24	25	26	27	28
29	30	31				

训练类型

年训练计划

（女性适用）

期间

1～3个月

主题

提高基础代谢，培养能够享受美食的体质

效果 & 反应

强壮躯干，同时消除肚子周围的脂肪，真实感知到瘦身塑形的基础。

持之以恒地话会有以下效果

- **腰围紧实**
- **提臀**
- **胸部上提**

适合人群

★想充分塑造有柔韧性身体曲线的人

★想提高基础代谢，想要练就不易发胖体质的人

挑战等级

★★★☆☆

MON	TUE	WED	THU	FRI	SAT	SUN
1	2	3	4	5	6	7
8	9	10	11	12	13	14
15	16	17	18	19	20	21
22	23	24	25	26	27	28
29	30	31				

第 1 月

每隔 1 天进行 2 组

MON	TUE	WED	THU	FRI	SAT	SUN
1	2	3	4	5	6	7
8	9	10	11	12	13	14
15	16	17	18	19	20	21
22	23	24	25	26	27	28
29	30	31				

第 2 月

每隔 1 天进行 3 组

MON	TUE	WED	THU	FRI	SAT	SUN
1	2	3	4	5	6	7
8	9	10	11	12	13	14
15	16	17	18	19	20	21
22	23	24	25	26	27	28
29	30	31				

第 3 月

每隔 1 天进行 3 组

■手触脚尖

■单腿平衡

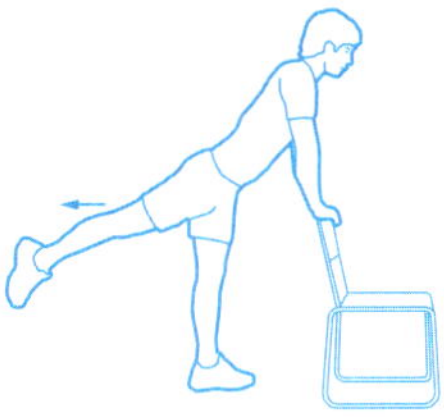

■后踢腿

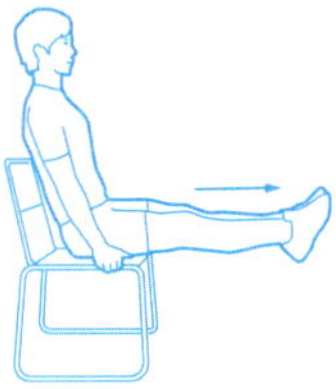

■椅上伸腿训练

■仰卧抬腿

■侧向平板支撑

■抬肘训练

■手触脚尖

■单腿平衡

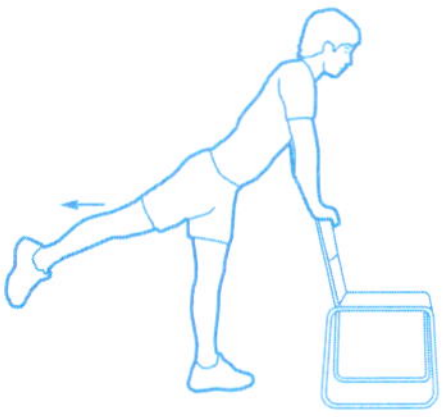

■后踢腿

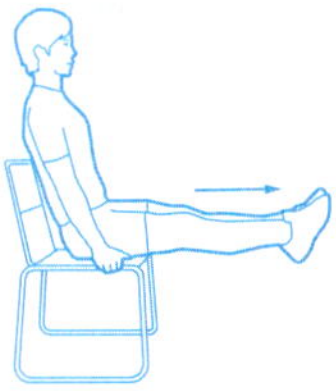

■椅上伸腿训练

■仰卧抬腿

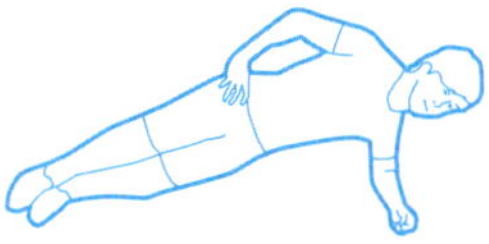

■侧向平板支撑

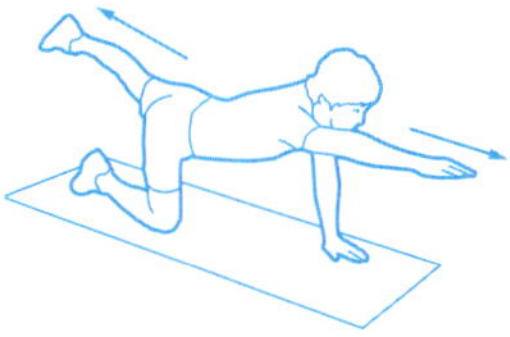

■飞犬式

■抬肘训练

■手触脚尖

■单腿平衡

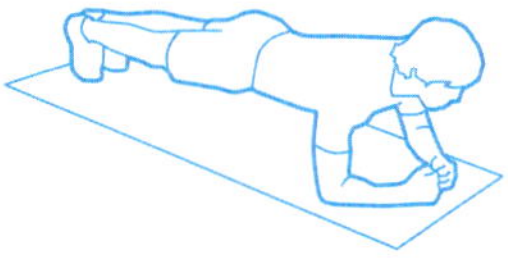

■后踢腿

■椅上伸腿训练

■仰卧抬腿

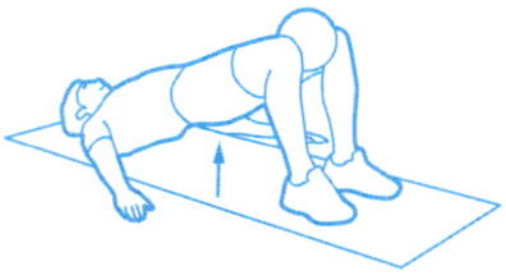

■侧向平板支撑

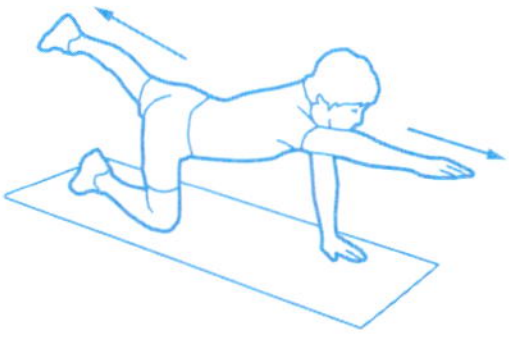

■飞犬式

■抬肘训练

※ 请按从左到右、由上到下的顺序进行。

训练类型

年训练计划
（女性适用）

期间

4～6个月

主题

减掉皮下脂肪，用肌肉塑造富有柔韧性的身体曲线

效果 & 反应

各个部位变得紧实，从而显现出肉眼可见的柔韧性曲线。

持之以恒地话会有以下效果

- **上臂塑型**
- **从脖颈到胸口的曲线流畅**
- **腰部紧实**

适合人群

★想痛快地练就柔韧性强的身体的人

★想练就体重不会反弹的身体的人

挑战等级

★★★☆☆

MON	TUE	WED	THU	FRI	SAT	SUN
1	2	3	4	5	6	7
8	9	10	11	12	13	14
15	16	17	18	19	20	21
22	23	24	25	26	27	28
29	30	31				

第 **4** 月

每隔 1 天进行 3 组

MON	TUE	WED	THU	FRI	SAT	SUN
1	2	3	4	5	6	7
8	9	10	11	12	13	14
15	16	17	18	19	20	21
22	23	24	25	26	27	28
29	30	31				

第 **5** 月

每隔 1 天进行 3 组

MON	TUE	WED	THU	FRI	SAT	SUN
1	2	3	4	5	6	7
8	9	10	11	12	13	14
15	16	17	18	19	20	21
22	23	24	25	26	27	28
29	30	31				

第 **6** 月

每隔 1 天进行 3 组

■手触脚尖 ■单腿平衡 ■平板支撑 ■仰卧抬腿 ■侧向平板支撑

■夹球提臀 ■飞犬式 ■转体训练

■手触脚尖 ■单腿平衡 ■平板支撑 ■仰卧抬腿 ■侧向平板支撑

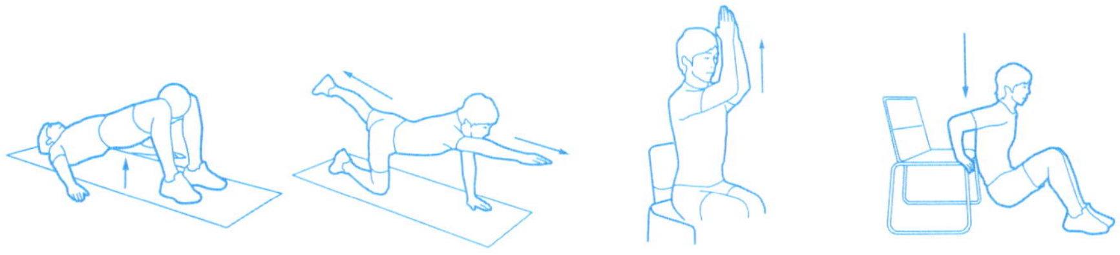

■夹球提臀 ■飞犬式 ■抬肘训练 ■手臂撑椅后伸

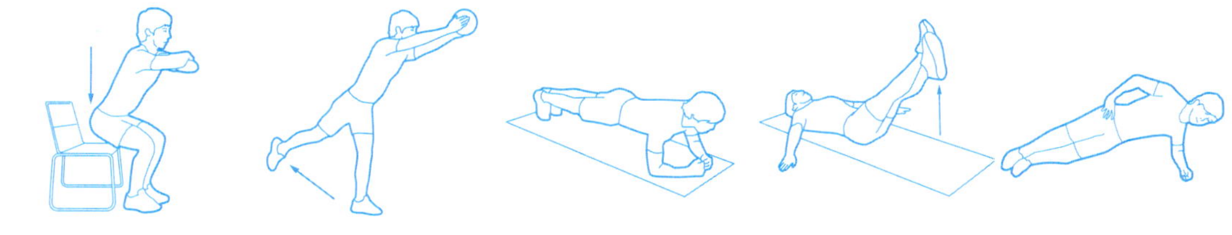

■坐椅蹲起 ■单腿平衡 ■平板支撑 ■仰卧抬腿 ■侧向平板支撑

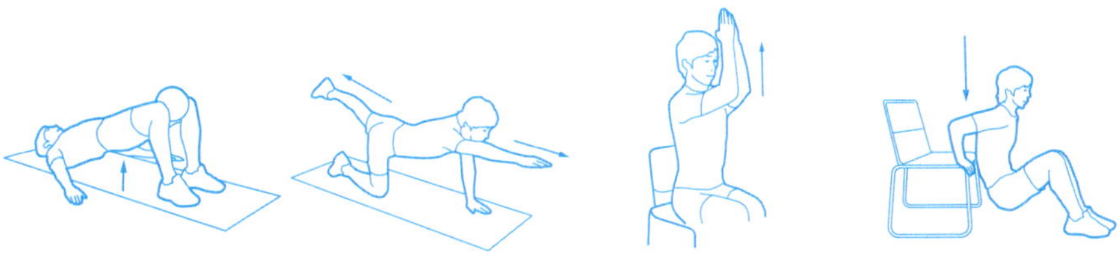

■夹球提臀 ■飞犬式 ■抬肘训练 ■手臂撑椅后伸

※ 请按从左到右、由上到下的顺序进行。

训练类型

年训练计划

（女性适用）

期间

7~12个月

主题

在穿薄衣服的季节里
也能够堂堂正正地
向他人展示身体的曲线

效果 & 反应

身体轮廓明显发生变化，
身体年龄年轻 10 岁

持之以恒地话会有以下效果

· **全身紧实**
· **身体柔韧度增强**
· **肌肉力量、体力有所提高**

适合人群

★想痛快地练就柔韧性强的身体的人
★想成为别人看不出年龄的人

挑战等级

★★★★☆

MON	TUE	WED	THU	FRI	SAT	SUN
1	2	**3**	4	**5**	6	**7**
8	**9**	10	**11**	12	**13**	14
15	16	**17**	18	**19**	20	**21**
22	**23**	24	**25**	26	**27**	28
29	30	**31**				

MON	TUE	WED	THU	FRI	SAT	SUN
1	2	**3**	4	**5**	6	**7**
8	**9**	10	**11**	12	**13**	14
15	16	**17**	18	**19**	20	**21**
22	**23**	24	**25**	26	**27**	28
29	30	**31**				

MON	TUE	WED	THU	FRI	SAT	SUN
1	2	**3**	4	**5**	6	**7**
8	**9**	10	**11**	12	**13**	14
15	16	**17**	18	**19**	20	**21**
22	**23**	24	**25**	26	**27**	28
29	30	**31**				

MON	TUE	WED	THU	FRI	SAT	SUN
1	2	3	**4**	5	6	**7**
8	9	**10**	11	12	**13**	14
15	**16**	17	18	**19**	20	21
22	23	24	**25**	26	27	**28**
29	30	**31**				

MON	TUE	WED	THU	FRI	SAT	SUN
1	2	3	**4**	5	6	**7**
8	9	**10**	11	12	**13**	14
15	**16**	17	18	**19**	20	21
22	23	24	**25**	26	27	**28**
29	30	**31**				

MON	TUE	WED	THU	FRI	SAT	SUN
1	2	3	**4**	5	6	**7**
8	9	**10**	11	12	**13**	14
15	**16**	17	18	**19**	20	21
22	23	24	**25**	26	27	**28**
29	30	**31**				

第7月

每隔 1 天
进行 3 组

■慢速蹲起 ■单腿平衡 ■平板支撑 ■仰卧抬腿 ■侧向平板支撑 ■夹球提臀

■飞犬式 ■抬肘训练 ■手臂撑椅后伸

第8月

每隔 1 天
进行 3 组

■慢速蹲起 ■单腿平衡 ■平板支撑 ■仰卧抬腿 ■侧向平板支撑 ■夹球提臀

■飞犬式 ■抬肘训练 ■手臂撑椅后伸

第9月

每隔 1 天
进行 3 组

■手触脚尖 ■慢速蹲起 ■单腿平衡 ■平板支撑 ■仰卧抬腿 ■侧向平板支撑

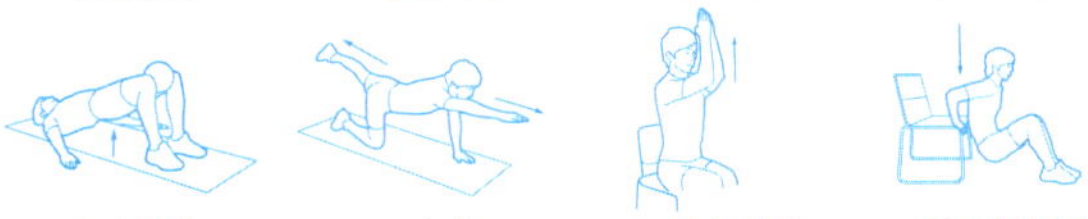

■夹球提臀 ■飞犬式 ■抬肘训练 ■手臂撑椅后伸

第10月

每隔 2 天
进行 3 组

■手触脚尖 ■慢速蹲起 ■单腿平衡 ■平板支撑 ■仰卧抬腿 ■转体训练

■侧向平板支撑 ■夹球提臀 ■飞犬式 ■抬肘训练 ■手臂撑椅后伸

第11月

每隔 2 天
进行 4 组

■手触脚尖 ■慢速蹲起 ■单腿平衡 ■平板支撑 ■仰卧抬腿 ■转体训练

■侧向平板支撑 ■夹球提臀 ■飞犬式 ■抬肘训练 ■手臂撑椅后伸

第12月

每隔 2 天
进行 4 组

■手触脚尖 ■侧滑蹲起 ■单腿平衡 ■平板支撑 ■仰卧抬腿 ■转体训练

■侧向平板支撑 ■夹球提臀 ■飞犬式 ■抬肘训练 ■手臂撑椅后伸

※ 请按从左到右、由上到下的顺序进行。

训练类型

轻松地改变身体
1 天 1 分钟的
“我行我素”训练计划
（中、老年人适用）

期间

6个月

主题

塑造不输给年龄的
健壮身体

无需换运动装，无需道具，
在自己家里悄悄地找回年轻

效果 & 反应

改变运动不足的状态，
提高肌肉力量，步伐轻盈，
行动范围扩大

持之以恒地话会有以下效果

- **腰腿肌肉力量提高**
- **预防 & 改善“三高”**
- **维持并提高体力**

适合人群

★想要心情舒畅、身体健康的人
★想为以后肌肉力量减弱做准备的人
★想要练就不易发胖体质的人

挑战等级

★★☆☆☆

MON	TUE	WED	THU	FRI	SAT	SUN
1	2	3	4	5	6	7
8	9	10	11	12	13	14
15	16	17	18	19	20	21
22	23	24	25	26	27	28
29	30	31				

MON	TUE	WED	THU	FRI	SAT	SUN
1	2	3	4	5	6	7
8	9	10	11	12	13	14
15	16	17	18	19	20	21
22	23	24	25	26	27	28
29	30	31				

MON	TUE	WED	THU	FRI	SAT	SUN
1	2	3	4	5	6	7
8	9	10	11	12	13	14
15	16	17	18	19	20	21
22	23	24	25	26	27	28
29	30	31				

MON	TUE	WED	THU	FRI	SAT	SUN
1	2	3	4	5	6	7
8	9	10	11	12	13	14
15	16	17	18	19	20	21
22	23	24	25	26	27	28
29	30	31				

MON	TUE	WED	THU	FRI	SAT	SUN
1	2	3	4	5	6	7
8	9	10	11	12	13	14
15	16	17	18	19	20	21
22	23	24	25	26	27	28
29	30	31				

MON	TUE	WED	THU	FRI	SAT	SUN
1	2	3	4	5	6	7
8	9	10	11	12	13	14
15	16	17	18	19	20	21
22	23	24	25	26	27	28
29	30	31				

第 1 月

每天
进行 1 组

■肘触膝式 ■手触脚尖 ■坐椅单腿伸展 ■飞犬式

第 2 月

每隔 1 天
进行 2 组

■坐椅单腿伸展 ■肘触膝式 ■手触脚尖 ■飞犬式

第 3 月

每隔 1 天
进行 2 组

■坐椅单腿伸展 ■坐椅蹲起 ■肘触膝式 ■手触脚尖 ■飞犬式

第 4 月

每隔 2 天
进行 2 组

■坐椅单腿伸展 ■慢速蹲起 ■肘触膝式 ■手触脚尖 ■飞犬式

第 5 月

每隔 2 天
进行 3 组

■椅上伸腿训练 ■慢速蹲起 ■手触脚尖 ■飞犬式

第 6 月

每隔 2 天
进行 3 组

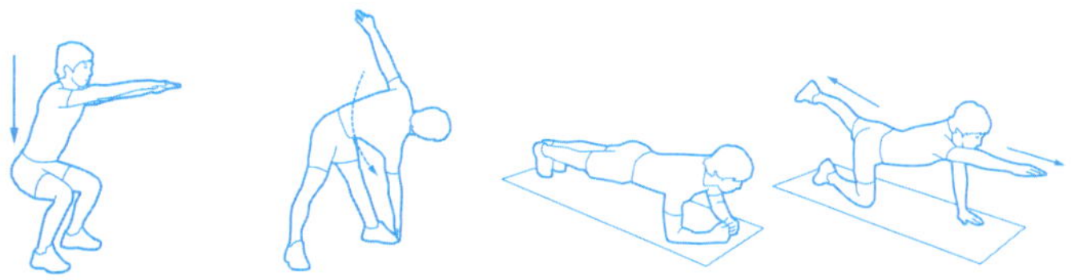

■慢速蹲起 ■手触脚尖 ■平板支撑 ■飞犬式

※ 请按从左到右的顺序进行。

做到不发胖、变苗条的饮食生活需要知道的事情

与饮食生活的合理组合会使训练效果倍增！

进行肌肉训练后，为了顺利地进行超回复（参照 P9），肌肉一直处在需求“营养”的状态。因此，理想的状态应该是在运动后的 30 分钟之内摄取营养。喝的方面，建议您饮用能轻松摄取优质蛋白质、富含氨基酸和蛋白质的饮品，并且一定要防止运动后的暴饮暴食。吃的方面，要多吃富含蛋白质的肉类以及大豆、豆腐等。不过，因为肉类中含有脂肪，食用过多会对身体塑形有不好的影响，所以想要控制热量的话，请从大豆或豆腐中摄取营养吧。

其实，在日常的饮食生活中不要太过小心翼翼，能把握好尺度、多吃当季的食物是比较好的选择。但是，对于要坚决控制饮食的人来说，要从植物油或橄榄油中摄取脂肪，从乳制品、海藻、小鱼中摄取矿物质，从蔬菜中摄取维生素。如果要从水果中摄取维生素，请早上吃水果。如果晚上吃水果，之后就睡觉，那么水果里的果糖就会变成甘油三酯。

为了减肥塑身而控制热量摄入的时候，饮食摄取的热量不要超过消耗的热量，这是基本规则。一般而言，体重减少 1kg 需要消耗 7000~7200kcal 的能量。如果粗算一下，每天少摄入 250kcal，或者多消耗 250kcal，那么 1 个月后就能够减重 1kg。

在这里需要注意的是，不要单纯通过限制饮食来计算热量。说起来，控制热量其实是指通过“饮食”和“运动”这两方面来调整适合自己身体的热量。无需勉强限制饮食，通过做运动来消耗热量，通过肌肉训练来提高基础代谢，就完全能够起到效果。自己能够控制热量摄入的话，就能够瘦身、管理好自己的体型，并且可以预防糖尿病、高血脂、高血压、痛风、代谢综合征，促进身体更加健康。请轻轻松松、健健康康地控制住自己的热量摄入吧。

一边锻炼肌肉又要一边减重需要什么?

一提到减肥（减重）时的饮食，虽然我们更在意食物中含有的脂肪（脂类）数量，但也需要注意占日常饮食摄取能量中比重最大的碳水化合物（糖类）的数量。我们现代人的饮食，整体来说，摄取了过多的碳水化合物和脂肪，而其他方面的营养却摄取不足。

近年来，被科学证实的最有效的，属于饮食方面的减肥方法就是减少糖类（碳水化合物）的摄取量。这个方法得到了广泛认可。比如可以在三餐中的一餐或者三餐都不吃白米饭、面包、面食等主食，此外不要食用小点心、白砂糖等精制糖类。乍一听不吃主食好像会非常难受，但是多吃一些肉、鱼、乳制品、蔬菜（高糖分的薯类除外）等食物，就没有想像的那么难受了。通过在饮食上下功夫，减少多余的碳水化合物的摄取，有意识地多吃一些高蛋白、低脂肪的食物，超回复的效果便会不断显现出来，身体也将进一步朝不容易发胖的体质转变。

此外需要注意的是运动之前的饮食。在决定“今天要好好训练”之前，要尽量避免食用脂肪过多的食物。因为一氧化氮会使流入肌肉的血液量减少，从而降低训练效果。由此看来，运动前吃快餐或者中餐是不可以的。就算是您的最爱，也请稍微忍耐一下吧。

忙碌的现代人必须注意的危险饮食习惯：

■ 不饿肚子，少食多餐。

现代人过着不规则的生活，容易偏食或暴饮暴食。为了避免这种情况，建议您把食物分成小份食用。人体摄取的热量多于消耗的热量，就会在体内堆积脂肪。这种消化的能力，一般来说是 600kcal 左右。也就是说，同样摄取 1800kcal 的情况下，比起午餐 800kcal、晚餐 1000kcal 的饮食生活，早餐 200kcal、上午茶 100kcal、午餐 600kcal、下午茶 200kcal、晚餐 600kcal、宵夜 100kcal，这样少食多餐的方式，就能够使脂肪很难在体内堆积了。

■ 夜里不要给胃加重负担

科学研究证明，在晚上 10 点以后，我们身体里的交感神经的活动就会减弱，副交感神经的活动将占据主导。副交感神经占据主导后，能量就不容易被消耗，就会变为易发胖的状态。因此要尽量控制少吃宵夜。此外，吃宵夜还会打乱交感神经和副交感神经之间的平衡，使生物钟紊乱，从而陷入早上起不来、晚上睡不好的恶性循环中。如果吃宵夜变成了习惯，还有可能患上自律神经失调症，所以请一定要注意。

■ 饮酒时选择合适的种类和时间

如果有意识地选择合适的酒和下酒菜，即使在减肥或塑身的过程中也可以享受到饮酒的快乐。喝酒时，要尽量避开含有糖分的啤酒、清酒、葡萄酒、鸡尾酒等这类酒，尽量选择白酒、威士忌等蒸馏酒。即使想喝啤酒的话也要选择零糖分的啤酒；想喝葡萄酒的话，建议您饮用红葡萄酒。吃下酒菜时，最好选择能够提高肝脏代谢的高蛋白肉类、鱼类贝类、纳豆、豆腐或者奶酪等乳制品。炸鸡块等油炸的食品，虽然刚开始饮酒时吃一些的话能够保护胃，但是喝多了后再吃的话就会成为肥胖的诱因。如此这般在吃的时间上也有所注意的话，就可以尽情享受美食，无需忍耐了。但是，喝多了的时候“满腹中枢”会变得麻痹，就会忍不住在最后吃碗拉面或者甜点，因此请一定注意别喝多了。

理想体型的标准

当身体有足够的柔韧性时，体脂肪率如下表所示。与其他的书上的数值相比可能稍微严格了些，但这是根据任何人都羡慕的体型来设定的体脂肪率。

肌肉训练效果逐渐显现，身体慢慢紧实起来的示意图

以又瘦又有肌肉为目标（男性）

年龄	偏瘦型	目标型	适度型	轻度肥胖型	肥胖型
~40 岁	~ 10%	11% ~ 15%	14% ~ 21%	22% ~ 26%	27% ~
41 ~ 60 岁	~ 11%	12% ~ 16%	17% ~ 22%	23% ~ 27%	28% ~
61 岁 ~	~ 13%	14% ~ 18%	19% ~ 24%	25% ~ 29%	30% ~

以柔韧度高的体型为目标（女性）

年龄	偏瘦型	目标型	适度型	轻度肥胖型	肥胖型
~40 岁	~ 17%	18% ~ 24%	25% ~ 29%	30% ~ 35%	36% ~
41 ~ 60 岁	~ 18%	19% ~ 25%	26% ~ 30%	31% ~ 36%	37% ~
61 岁 ~	~ 19%	20% ~ 26%	27% ~ 31%	32% ~ 37%	38% ~

每日训练记录表

实施日　　　年　　　月　　　日

	训练项目	已完成	组数
全身	手触脚尖		
	飞犬式		
	单腿平衡		
胸部	抬肘训练		
	交替俯卧撑		
肩部	哑铃侧平举		
胸部	手臂撑椅后伸		
背部	抱膝仰卧起坐		
臀部	后踢腿		
	夹球提臀		
腰部	平板支撑		
	仰卧抬腿		
	侧向平板支撑		
	十字劈掌仰卧起坐		
	椅上伸腿训练		
	转体训练		
腿部	坐椅蹲起		
	前弓步蹲		
	慢速蹲起		

今天的状态

▶ 好 · 普通 · 不好（理由）

昨天的睡眠时间

▶ 大约　　小时

	运动项目	已完成
其他运动项目	伸展	
	项目名称 · 组数	
	有氧运动	
	项目名称 · 组数	
	其他运动	
	项目名称 · 组数	

自我评价 / 记录

今天的注意点	
	○好的地方
	△需要反省的地方
	☆其他备注

饮食 & 营养	
	早餐
	午餐
	晚餐
	其他时间段的饮食

今天的自我评分

________ 分

实施日　　年　　月　　日

今天的状态

▶ 好 · 普通 · 不好（理由）

昨天的睡眠时间

▶ 大约　　小时

	训练项目	已完成	组数
全身	手触脚尖	✓	
	飞犬式	✓	
	单腿平衡	✓	
胸部	抬肘训练	✓	
	交替俯卧撑	✓	
肩部	哑铃侧平举	✓	
胸部	手臂撑椅后伸	✓	
背部	抱膝仰卧起坐	✓	
臀部	后踢腿	✓	
	夹球提臀	✓	
腰部	平板支撑	✓	
	仰卧抬腿	✓	
	侧向平板支撑	✓	
	十字劈掌仰卧起坐	✓	
	椅上伸腿训练	✓	
	转体训练	✓	
腿部	坐椅蹲起	✓	
	前弓步蹲	✓	
	慢速蹲起	✓	
		✓	
		✓	
		✓	

	运动项目		已完成
其他运动项目	伸展		✓
	项目名称 · 组数		
	有氧运动		✓
	项目名称 · 组数		
	其他运动		✓
	项目名称 · 组数		

自我评价 / 记录

今天的注意点	○好的地方
	△需要反省的地方
	☆其他备注

饮食&营养	早餐
	午餐
	晚餐
	其他时间段的饮食

今天的自我评分

________ 分

每日训练记录表

实施日　　年　　月　　日

今天的状态
▶ 好 · 普通 · 不好（理由）

昨天的睡眠时间
▶ 大约　　小时

部位	训练项目	已完成	组数
全身	 手触脚尖		
	 飞犬式		
	 单腿平衡		
胸部	 抬肘训练		
	 交替俯卧撑		
肩部	 哑铃侧平举		
胸部	 手臂撑椅后伸		
背部	 抱膝仰卧起坐		
臀部	 后踢腿		
	 夹球提臀		
腰部	 平板支撑		
	 仰卧抬腿		
	 侧向平板支撑		
	 十字劈掌仰卧起坐		
	 椅上伸腿训练		
	 转体训练		
腿部	 坐椅蹲起		
	 前弓步蹲		
	 慢速蹲起		

	运动项目	已完成
其他运动项目	伸展	
	项目名称 · 组数	
	有氧运动	
	项目名称 · 组数	
	其他运动	
	项目名称 · 组数	

自我评价 / 记录

今天的注意点	○好的地方
	△需要反省的地方
	☆其他备注

饮食&营养	早餐
	午餐
	晚餐
	其他时间段的饮食

今天的自我评分

________分

实 施 日　　　　年　　　　月　　　　日

	训 练 项 目	已完成	组数
全身	手触脚尖	✓	
	飞犬式	✓	
	单腿平衡	✓	
胸部	抬肘训练	✓	
	交替俯卧撑	✓	
肩部	哑铃侧平举	✓	
胸部	手臂撑椅后伸	✓	
背部	抱膝仰卧起坐	✓	
臀部	后踢腿	✓	
	夹球提臀	✓	
腰部	平板支撑	✓	
	仰卧抬腿	✓	
	侧向平板支撑	✓	
	十字劈掌仰卧起坐	✓	
	椅上伸腿训练	✓	
	转体训练	✓	
腿部	坐椅蹲起	✓	
	前弓步蹲	✓	
	慢速蹲起	✓	
		✓	
		✓	
		✓	

今天的状态

▶ 好 · 普通 · 不好（理由）

昨天的睡眠时间

▶ 大约　　小时

	运 动 项 目	已完成
其他运动项目	伸展	✓
	项目名称 · 组数	
	有氧运动	✓
	项目名称 · 组数	
	其他运动	✓
	项目名称 · 组数	

自我评价 / 记录

今天的注意点	○好的地方
	△需要反省的地方
	☆其他备注

饮食&营养	早餐
	午餐
	晚餐
	其他时间段的饮食

今天的自我评分

________分

每日训练记录表

实施日　　　年　　　月　　　日

今天的状态
▶ 好 · 普通 · 不好（理由）

昨天的睡眠时间
▶ 大约　　　小时

	训练项目	已完成	组数
全身	 手触脚尖	✓	
	 飞犬式	✓	
	 单腿平衡	✓	
胸部	 抬肘训练	✓	
	 交替俯卧撑	✓	
肩部	 哑铃侧平举	✓	
胸部	 手臂撑椅后伸	✓	
背部	 抱膝仰卧起坐	✓	
臀部	 后踢腿	✓	
	 夹球提臀	✓	
腰部	 平板支撑	✓	
	 仰卧抬腿	✓	
	 侧向平板支撑	✓	
	 十字劈掌仰卧起坐	✓	
	 椅上伸腿训练	✓	
	 转体训练	✓	
腿部	 坐椅蹲起	✓	
	 前弓步蹲	✓	
	 慢速蹲起	✓	
		✓	
		✓	
		✓	

	运动项目		已完成
其他运动项目	伸展		✓
	项目名称 · 组数		
	有氧运动		✓
	项目名称 · 组数		
	其他运动		✓
	项目名称 · 组数		

自我评价 / 记录

今天的注意点	○好的地方
	△需要反省的地方
	☆其他备注

饮食 & 营养	早餐
	午餐
	晚餐
	其他时间段的饮食

今天的自我评分

______ 分

实施日　　　年　　　月　　　日

	训练项目	已完成	组数
全身	手触脚尖	✓	
	飞犬式	✓	
	单腿平衡	✓	
胸部	抬肘训练	✓	
	交替俯卧撑	✓	
肩部	哑铃侧平举	✓	
胸部	手臂撑椅后伸	✓	
背部	抱膝仰卧起坐	✓	
臀部	后踢腿	✓	
	夹球提臀	✓	
腰部	平板支撑	✓	
	仰卧抬腿	✓	
	侧向平板支撑	✓	
	十字劈掌仰卧起坐	✓	
	椅上伸腿训练	✓	
	转体训练	✓	
腿部	坐椅蹲起	✓	
	前弓步蹲	✓	
	慢速蹲起	✓	
		✓	
		✓	
		✓	

今天的状态

▶ 好 · 普通 · 不好（理由）

昨天的睡眠时间

▶ 大约　　小时

	运动项目	已完成
其他运动项目	伸展	✓
	项目名称 · 组数	
	有氧运动	✓
	项目名称 · 组数	
	其他运动	✓
	项目名称 · 组数	

自我评价 / 记录

今天的注意点	
	○好的地方
	△需要反省的地方
	☆其他备注

饮食&营养	
	早餐
	午餐
	晚餐
	其他时间段的饮食

今天的自我评分

＿＿＿＿＿＿分

每日训练记录表

实施日　　　年　　　月　　　日

今天的状态

▶ 好 · 普通 · 不好（理由）

昨天的睡眠时间

▶ 大约　　小时

	训练项目	已完成	组数
全身	手触脚尖		
	飞犬式		
	单腿平衡		
胸部	抬肘训练		
	交替俯卧撑		
肩部	哑铃侧平举		
胸部	手臂撑椅后伸		
背部	抱膝仰卧起坐		
臀部	后踢腿		
	夹球提臀		
腰部	平板支撑		
	仰卧抬腿		
	侧向平板支撑		
	十字劈掌仰卧起坐		
	椅上伸腿训练		
	转体训练		
腿部	坐椅蹲起		
	前弓步蹲		
	慢速蹲起		

	运动项目		已完成
其他运动项目	伸展		
	项目名称 · 组数		
	有氧运动		
	项目名称 · 组数		
	其他运动		
	项目名称 · 组数		

自我评价 / 记录

今天的注意点	○好的地方
	△需要反省的地方
	☆其他备注

饮食&营养	早餐
	午餐
	晚餐
	其他时间段的饮食

今天的自我评分

________ 分

实 施 日　　　年　　　月　　　日

今天的状态

▶ 好 · 普通 · 不好（理由）

昨天的睡眠时间

▶ 大约　　小时

	训 练 项 目	已完成	组数
全身	手触脚尖	✓	
	飞犬式	✓	
	单腿平衡	✓	
胸部	抬肘训练	✓	
	交替俯卧撑	✓	
肩部	哑铃侧平举	✓	
胸部	手臂撑椅后伸	✓	
背部	抱膝仰卧起坐	✓	
臀部	后踢腿	✓	
	夹球提臀	✓	
腰部	平板支撑	✓	
	仰卧抬腿	✓	
	侧向平板支撑	✓	
	十字劈掌仰卧起坐	✓	
	椅上伸腿训练	✓	
	转体训练	✓	
腿部	坐椅蹲起	✓	
	前弓步蹲	✓	
	慢速蹲起	✓	
		✓	
		✓	
		✓	

	运 动 项 目	已完成
其他运动项目	伸展	✓
	项目名称 · 组数	
	有氧运动	✓
	项目名称 · 组数	
	其他运动	✓
	项目名称 · 组数	

自我评价 / 记录

今天的注意点	
	○好的地方
	△需要反省的地方
	☆其他备注

饮食 & 营养	
	早餐
	午餐
	晚餐
	其他时间段的饮食

今天的自我评分

__________ 分

每日训练记录表

实施日　　年　　月　　日

今天的状态

▶ 好 · 普通 · 不好（理由）

昨天的睡眠时间

▶ 大约　　小时

	训练项目	已完成	组数
全身	手触脚尖		
全身	飞犬式		
全身	单腿平衡		
胸部	抬肘训练		
胸部	交替俯卧撑		
肩部	哑铃侧平举		
胸部	手臂撑椅后伸		
背部	抱膝仰卧起坐		
臀部	后踢腿		
臀部	夹球提臀		
腰部	平板支撑		
腰部	仰卧抬腿		
腰部	侧向平板支撑		
腰部	十字劈掌仰卧起坐		
腰部	椅上伸腿训练		
腰部	转体训练		
腿部	坐椅蹲起		
腿部	前弓步蹲		
腿部	慢速蹲起		

	运动项目	已完成
其他运动项目	伸展	
	项目名称 · 组数	
	有氧运动	
	项目名称 · 组数	
	其他运动	
	项目名称 · 组数	

自我评价 / 记录

今天的注意点	○好的地方
	△需要反省的地方
	☆其他备注

饮食 & 营养	早餐
	午餐
	晚餐
	其他时间段的饮食

今天的自我评分

______分

实施日　　　年　　　月　　　日

今天的状态

▶ 好 · 普通 · 不好（理由　）

昨天的睡眠时间

▶ 大约　　小时

	训练项目	已完成	组数
全身	手触脚尖	✓	
	飞犬式	✓	
	单腿平衡	✓	
胸部	抬肘训练	✓	
	交替俯卧撑	✓	
肩部	哑铃侧平举	✓	
胸部	手臂撑椅后伸	✓	
背部	抱膝仰卧起坐	✓	
臀部	后踢腿	✓	
	夹球提臀	✓	
腰部	平板支撑	✓	
	仰卧抬腿	✓	
	侧向平板支撑	✓	
	十字劈掌仰卧起坐	✓	
	椅上伸腿训练	✓	
	转体训练	✓	
腿部	坐椅蹲起	✓	
	前弓步蹲	✓	
	慢速蹲起	✓	
		✓	
		✓	
		✓	

	运动项目	已完成
其他运动项目	伸展	✓
	项目名称 · 组数	
	有氧运动	✓
	项目名称 · 组数	
	其他运动	✓
	项目名称 · 组数	

自我评价 / 记录

今天的注意点	
	○好的地方
	△需要反省的地方
	☆其他备注

饮食 & 营养	
	早餐
	午餐
	晚餐
	其他时间段的饮食

今天的自我评分

________ 分

日次　周次 & 月次

每日训练记录表

实施日　　年　　月　　日

部	训练项目	已完成	组数
全身	手触脚尖		
全身	飞犬式		
全身	单腿平衡		
胸部	抬肘训练		
胸部	交替俯卧撑		
肩部	哑铃侧平举		
胸部	手臂撑椅后伸		
背部	抱膝仰卧起坐		
臀部	后踢腿		
臀部	夹球提臀		
腰部	平板支撑		
腰部	仰卧抬腿		
腰部	侧向平板支撑		
腰部	十字劈掌仰卧起坐		
腰部	椅上伸腿训练		
腰部	转体训练		
腿部	坐椅蹲起		
腿部	前弓步蹲		
腿部	慢速蹲起		

今天的状态

▶ 好 · 普通 · 不好（理由）

昨天的睡眠时间

▶ 大约　　小时

	运动项目	已完成
其他运动项目	伸展	
	项目名称 · 组数	
	有氧运动	
	项目名称 · 组数	
	其他运动	
	项目名称 · 组数	

自我评价 / 记录

今天的注意点	
	○好的地方
	△需要反省的地方
	☆其他备注

饮食 & 营养	
	早餐
	午餐
	晚餐
	其他时间段的饮食

今天的自我评分

＿＿＿＿＿＿分

实施日　　　年　　　月　　　日

	训练项目	已完成	组数
全身	手触脚尖		
	飞犬式		
	单腿平衡		
胸部	抬肘训练		
	交替俯卧撑		
肩部	哑铃侧平举		
胸部	手臂撑椅后伸		
背部	抱膝仰卧起坐		
臀部	后踢腿		
	夹球提臀		
腰部	平板支撑		
	仰卧抬腿		
	侧向平板支撑		
	十字劈掌仰卧起坐		
	椅上伸腿训练		
	转体训练		
腿部	坐椅蹲起		
	前弓步蹲		
	慢速蹲起		

今天的状态

▶ 好 · 普通 · 不好（理由）

昨天的睡眠时间

▶ 大约　　　小时

	运动项目	已完成
其他运动项目	伸展	
	项目名称 · 组数	
	有氧运动	
	项目名称 · 组数	
	其他运动	
	项目名称 · 组数	

自我评价 / 记录

今天的注意点	
	○好的地方
	△需要反省的地方
	☆其他备注

饮食&营养	
	早餐
	午餐
	晚餐
	其他时间段的饮食

今天的自我评分

＿＿＿＿＿＿分

每日训练记录表

实施日　　年　　月　　日

今天的状态

▶ 好 · 普通 · 不好（理由）

昨天的睡眠时间

▶ 大约　　小时

	训练项目	已完成	组数
全身	手触脚尖		
	飞犬式		
	单腿平衡		
胸部	抬肘训练		
	交替俯卧撑		
肩部	哑铃侧平举		
胸部	手臂撑椅后伸		
背部	抱膝仰卧起坐		
臀部	后踢腿		
	夹球提臀		
腰部	平板支撑		
	仰卧抬腿		
	侧向平板支撑		
	十字劈掌仰卧起坐		
	椅上伸腿训练		
	转体训练		
腿部	坐椅蹲起		
	前弓步蹲		
	慢速蹲起		

	运动项目	已完成
其他运动项目	伸展	
	项目名称 · 组数	
	有氧运动	
	项目名称 · 组数	
	其他运动	
	项目名称 · 组数	

自我评价 / 记录

今天的注意点	○好的地方
	△需要反省的地方
	☆其他备注

饮食 & 营养	早餐
	午餐
	晚餐
	其他时间段的饮食

今天的自我评分

______ 分

实施日　　　年　　　月　　　日

	训练项目	已完成	组数
全身	手触脚尖		
	飞犬式		
	单腿平衡		
胸部	抬肘训练		
	交替俯卧撑		
肩部	哑铃侧平举		
胸部	手臂撑椅后伸		
背部	抱膝仰卧起坐		
臀部	后踢腿		
	夹球提臀		
腰部	平板支撑		
	仰卧抬腿		
	侧向平板支撑		
	十字劈掌仰卧起坐		
	椅上伸腿训练		
	转体训练		
腿部	坐椅蹲起		
	前弓步蹲		
	慢速蹲起		

今天的状态

▶ 好 · 普通 · 不好（理由）

昨天的睡眠时间

▶ 大约　　　小时

	运动项目	已完成
其他运动项目	伸展	
	项目名称 · 组数	
	有氧运动	
	项目名称 · 组数	
	其他运动	
	项目名称 · 组数	

自我评价 / 记录

今天的注意点	○好的地方
	△需要反省的地方
	☆其他备注

饮食&营养	早餐
	午餐
	晚餐
	其他时间段的饮食

今天的自我评分

________ 分

每日训练记录表

实施日　　　年　　　月　　　日

部位	训练项目	已完成	组数
全身	手触脚尖	✓	
全身	飞犬式	✓	
全身	单腿平衡	✓	
胸部	抬肘训练	✓	
胸部	交替俯卧撑	✓	
肩部	哑铃侧平举	✓	
胸部	手臂撑椅后伸	✓	
背部	抱膝仰卧起坐	✓	
臀部	后踢腿	✓	
臀部	夹球提臀	✓	
腰部	平板支撑	✓	
腰部	仰卧抬腿	✓	
腰部	侧向平板支撑	✓	
腰部	十字劈掌仰卧起坐	✓	
腰部	椅上伸腿训练	✓	
腰部	转体训练	✓	
腿部	坐椅蹲起	✓	
腿部	前弓步蹲	✓	
腿部	慢速蹲起	✓	
		✓	
		✓	
		✓	

今天的状态

▶ 好 · 普通 · 不好（理由）

昨天的睡眠时间

▶ 大约　　小时

其他运动项目	运动项目	已完成
	伸展	✓
	项目名称 · 组数	
	有氧运动	✓
	项目名称 · 组数	
	其他运动	✓
	项目名称 · 组数	

自我评价 / 记录

今天的注意点

○好的地方

△需要反省的地方

☆其他备注

饮食 & 营养

早餐

午餐

晚餐

其他时间段的饮食

今天的自我评分

________ 分

实施日 年 月 日

	训练项目	已完成	组数
全身	手触脚尖	✓	
全身	飞犬式	✓	
全身	单腿平衡	✓	
胸部	抬肘训练	✓	
胸部	交替俯卧撑	✓	
肩部	哑铃侧平举	✓	
胸部	手臂撑椅后伸	✓	
背部	抱膝仰卧起坐	✓	
臀部	后踢腿	✓	
臀部	夹球提臀	✓	
腰部	平板支撑	✓	
腰部	仰卧抬腿	✓	
腰部	侧向平板支撑	✓	
腰部	十字劈掌仰卧起坐	✓	
腰部	椅上伸腿训练	✓	
腰部	转体训练	✓	
腿部	坐椅蹲起	✓	
腿部	前弓步蹲	✓	
腿部	慢速蹲起	✓	
		✓	
		✓	
		✓	

今天的状态

▶ 好 · 普通 · 不好（理由）

昨天的睡眠时间

▶ 大约 小时

	运动项目	已完成
其他运动项目	伸展	✓
	项目名称 · 组数	
	有氧运动	✓
	项目名称 · 组数	
	其他运动	✓
	项目名称 · 组数	

自我评价 / 记录

今天的注意点	
	○好的地方
	△需要反省的地方
	☆其他备注

饮食 & 营养	
	早餐
	午餐
	晚餐
	其他时间段的饮食

今天的自我评分

___ 分

每日训练记录表

实施日　　　年　　　月　　　日

今天的状态

▶ 好 · 普通 · 不好（理由）

昨天的睡眠时间

▶ 大约　　小时

	训练项目	已完成	组数
全身	手触脚尖	✓	
全身	飞犬式	✓	
全身	单腿平衡	✓	
胸部	抬肘训练	✓	
胸部	交替俯卧撑	✓	
肩部	哑铃侧平举	✓	
胸部	手臂撑椅后伸	✓	
背部	抱膝仰卧起坐	✓	
臀部	后踢腿	✓	
臀部	夹球提臀	✓	
腰部	平板支撑	✓	
腰部	仰卧抬腿	✓	
腰部	侧向平板支撑	✓	
腰部	十字劈掌仰卧起坐	✓	
腰部	椅上伸腿训练	✓	
腰部	转体训练	✓	
腿部	坐椅蹲起	✓	
腿部	前弓步蹲	✓	
腿部	慢速蹲起	✓	
		✓	
		✓	
		✓	

	运动项目	已完成
其他运动项目	伸展	✓
	项目名称 · 组数	
	有氧运动	✓
	项目名称 · 组数	
	其他运动	✓
	项目名称 · 组数	

自我评价 / 记录

今天的注意点	
	○好的地方
	△需要反省的地方
	☆其他备注

饮食 & 营养	
	早餐
	午餐
	晚餐
	其他时间段的饮食

今天的自我评分

________ 分

实施日　　　年　　　月　　　日

今天的状态

▶ 好 · 普通 · 不好（理由）

昨天的睡眠时间

▶ 大约　　小时

	训练项目	已完成	组数
全身	手触脚尖		
	飞犬式		
	单腿平衡		
胸部	抬肘训练		
	交替俯卧撑		
肩部	哑铃侧平举		
胸部	手臂撑椅后伸		
背部	抱膝仰卧起坐		
臀部	后踢腿		
	夹球提臀		
腰部	平板支撑		
	仰卧抬腿		
	侧向平板支撑		
	十字劈掌仰卧起坐		
	椅上伸腿训练		
	转体训练		
腿部	坐椅蹲起		
	前弓步蹲		
	慢速蹲起		

	运动项目		已完成
其他运动项目	伸展		
	项目名称 · 组数		
	有氧运动		
	项目名称 · 组数		
	其他运动		
	项目名称 · 组数		

自我评价 / 记录

今天的注意点	
	○好的地方
	△需要反省的地方
	☆其他备注

饮食 & 营养	
	早餐
	午餐
	晚餐
	其他时间段的饮食

今天的自我评分

________ 分

每日训练记录表

实施日　　年　　月　　日

	训练项目	已完成	组数
全身	手触脚尖		
	飞犬式		
	单腿平衡		
胸部	抬肘训练		
	交替俯卧撑		
肩部	哑铃侧平举		
胸部	手臂撑椅后伸		
背部	抱膝仰卧起坐		
臀部	后踢腿		
	夹球提臀		
腰部	平板支撑		
	仰卧抬腿		
	侧向平板支撑		
	十字劈掌仰卧起坐		
	椅上伸腿训练		
	转体训练		
腿部	坐椅蹲起		
	前弓步蹲		
	慢速蹲起		

今天的状态

▶ 好 · 普通 · 不好（理由）

昨天的睡眠时间

▶ 大约　　小时

	运动项目	已完成
其他运动项目	伸展	
	项目名称 · 组数	
	有氧运动	
	项目名称 · 组数	
	其他运动	
	项目名称 · 组数	

自我评价 / 记录

今天的注意点	
	○好的地方
	△需要反省的地方
	☆其他备注

饮食 & 营养	
	早餐
	午餐
	晚餐
	其他时间段的饮食

今天的自我评分

________ 分

实施日　　　年　　　月　　　日

	训练项目	已完成	组数
全身	 手触脚尖		
	 飞犬式		
	 单腿平衡		
胸部	 抬肘训练		
	 交替俯卧撑		
肩部	 哑铃侧平举		
胸部	 手臂撑椅后伸		
背部	 抱膝仰卧起坐		
臀部	 后踢腿		
	 夹球提臀		
腰部	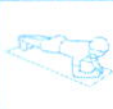 平板支撑		
	 仰卧抬腿		
	 侧向平板支撑		
	 十字劈掌仰卧起坐		
	 椅上伸腿训练		
	 转体训练		
腿部	 坐椅蹲起		
	 前弓步蹲		
	 慢速蹲起		

今天的状态

▶ 好 · 普通 · 不好（理由　）

昨天的睡眠时间

▶ 大约　　小时

	运动项目	已完成
其他运动项目	伸展	
	项目名称 · 组数	
	有氧运动	
	项目名称 · 组数	
	其他运动	
	项目名称 · 组数	

自我评价 / 记录

今天的注意点	○好的地方
	△需要反省的地方
	☆其他备注

饮食&营养	早餐
	午餐
	晚餐
	其他时间段的饮食

今天的自我评分

________ 分

日次　周次 & 月次

每日训练记录表

实施日　　年　　月　　日

今天的状态

▶ 好 · 普通 · 不好（理由）

昨天的睡眠时间

▶ 大约　　小时

	训练项目	已完成	组数
全身	手触脚尖		
全身	飞犬式		
全身	单腿平衡		
胸部	抬肘训练		
胸部	交替俯卧撑		
肩部	哑铃侧平举		
胸部	手臂撑椅后伸		
背部	抱膝仰卧起坐		
臀部	后踢腿		
臀部	夹球提臀		
腰部	平板支撑		
腰部	仰卧抬腿		
腰部	侧向平板支撑		
腰部	十字劈掌仰卧起坐		
腰部	椅上伸腿训练		
腰部	转体训练		
腿部	坐椅蹲起		
腿部	前弓步蹲		
腿部	慢速蹲起		

	运动项目	已完成
其他运动项目	伸展	
	项目名称 · 组数	
	有氧运动	
	项目名称 · 组数	
	其他运动	
	项目名称 · 组数	

自我评价 / 记录

今天的注意点

○好的地方

△需要反省的地方

☆其他备注

饮食 & 营养

早餐

午餐

晚餐

其他时间段的饮食

今天的自我评分

______ 分

实施日　　　年　　　月　　　日

今天的状态

▶ 好 · 普通 · 不好（理由）

昨天的睡眠时间

▶ 大约　　小时

	训练项目	已完成	组数
全身	手触脚尖		
	飞犬式		
	单腿平衡		
胸部	抬肘训练		
	交替俯卧撑		
肩部	哑铃侧平举		
胸部	手臂撑椅后伸		
背部	抱膝仰卧起坐		
臀部	后踢腿		
	夹球提臀		
腰部	平板支撑		
	仰卧抬腿		
	侧向平板支撑		
	十字劈掌仰卧起坐		
	椅上伸腿训练		
	转体训练		
腿部	坐椅蹲起		
	前弓步蹲		
	慢速蹲起		

	运动项目		已完成
其他运动项目	伸展		
	项目名称 · 组数		
	有氧运动		
	项目名称 · 组数		
	其他运动		
	项目名称 · 组数		

自我评价 / 记录

今天的注意点	
	○好的地方
	△需要反省的地方
	☆其他备注

饮食&营养	
	早餐
	午餐
	晚餐
	其他时间段的饮食

今天的自我评分

________分

每日训练记录表

实施日　　　年　　　月　　　日

部位	训练项目		已完成	组数
全身		手触脚尖		
全身		飞犬式		
全身		单腿平衡		
胸部		抬肘训练		
胸部		交替俯卧撑		
肩部		哑铃侧平举		
胸部		手臂撑椅后伸		
背部		抱膝仰卧起坐		
臀部		后踢腿		
臀部		夹球提臀		
腰部		平板支撑		
腰部		仰卧抬腿		
腰部		侧向平板支撑		
腰部		十字劈掌仰卧起坐		
腰部		椅上伸腿训练		
腰部		转体训练		
腿部		坐椅蹲起		
腿部		前弓步蹲		
腿部		慢速蹲起		

今天的状态

▶ 好 · 普通 · 不好（理由）

昨天的睡眠时间

▶ 大约　　小时

	运动项目		已完成
其他运动项目	伸展		
	项目名称 · 组数		
	有氧运动		
	项目名称 · 组数		
	其他运动		
	项目名称 · 组数		

自我评价 / 记录

今天的注意点	
	○好的地方
	△需要反省的地方
	☆其他备注

饮食 & 营养	
	早餐
	午餐
	晚餐
	其他时间段的饮食

今天的自我评分

＿＿＿＿＿＿分

实施日　　　年　　　月　　　日

	训练项目	已完成	组数
全身	手触脚尖		
	飞犬式		
	单腿平衡		
胸部	抬肘训练		
	交替俯卧撑		
肩部	哑铃侧平举		
胸部	手臂撑椅后伸		
背部	抱膝仰卧起坐		
臀部	后踢腿		
	夹球提臀		
腰部	平板支撑		
	仰卧抬腿		
	侧向平板支撑		
	十字劈掌仰卧起坐		
	椅上伸腿训练		
	转体训练		
腿部	坐椅蹲起		
	前弓步蹲		
	慢速蹲起		

今天的状态

▶ 好 · 普通 · 不好（理由）

昨天的睡眠时间

▶ 大约　　小时

	运动项目		已完成
其他运动项目	伸展		
	项目名称 · 组数		
	有氧运动		
	项目名称 · 组数		
	其他运动		
	项目名称 · 组数		

自我评价 / 记录

今天的注意点	○好的地方
	△需要反省的地方
	☆其他备注

饮食 & 营养	早餐
	午餐
	晚餐
	其他时间段的饮食

今天的自我评分

________分

每日训练记录表

实施日　　年　　月　　日

	训练项目	已完成	组数
全身	手触脚尖	✓	
	飞犬式	✓	
	单腿平衡	✓	
胸部	抬肘训练	✓	
	交替俯卧撑	✓	
肩部	哑铃侧平举	✓	
胸部	手臂撑椅后伸	✓	
背部	抱膝仰卧起坐	✓	
臀部	后踢腿	✓	
	夹球提臀	✓	
腰部	平板支撑	✓	
	仰卧抬腿	✓	
	侧向平板支撑	✓	
	十字劈掌仰卧起坐	✓	
	椅上伸腿训练	✓	
	转体训练	✓	
腿部	坐椅蹲起	✓	
	前弓步蹲	✓	
	慢速蹲起	✓	
		✓	
		✓	
		✓	

今天的状态

▶ 好 · 普通 · 不好（理由）

昨天的睡眠时间

▶ 大约　　小时

	运动项目	已完成
其他运动项目	伸展	✓
	项目名称 · 组数	
	有氧运动	✓
	项目名称 · 组数	
	其他运动	✓
	项目名称 · 组数	

自我评价 / 记录

今天的注意点	
	○好的地方
	△需要反省的地方
	☆其他备注

饮食 & 营养	
	早餐
	午餐
	晚餐
	其他时间段的饮食

今天的自我评分

______ 分

实施日　　　年　　　月　　　日

	训练项目	已完成	组数
全身	手触脚尖		
	飞犬式		
	单腿平衡		
胸部	抬肘训练		
	交替俯卧撑		
肩部	哑铃侧平举		
胸部	手臂撑椅后伸		
背部	抱膝仰卧起坐		
臀部	后踢腿		
	夹球提臀		
腰部	平板支撑		
	仰卧抬腿		
	侧向平板支撑		
	十字劈掌仰卧起坐		
	椅上伸腿训练		
	转体训练		
腿部	坐椅蹲起		
	前弓步蹲		
	慢速蹲起		

今天的状态

▶ 好 · 普通 · 不好（理由）

昨天的睡眠时间

▶ 大约　　小时

	运动项目	已完成
其他运动项目	伸展	
	项目名称 · 组数	
	有氧运动	
	项目名称 · 组数	
	其他运动	
	项目名称 · 组数	

自我评价 / 记录

今天的注意点	○好的地方
	△需要反省的地方
	☆其他备注

饮食&营养	早餐
	午餐
	晚餐
	其他时间段的饮食

今天的自我评分

＿＿＿＿＿＿ 分

每日训练记录表

实施日　　年　　月　　日

今天的状态

▶ 好 · 普通 · 不好（理由）

昨天的睡眠时间

▶ 大约　　小时

	训练项目	已完成	组数
全身	手触脚尖	✓	
	飞犬式	✓	
	单腿平衡	✓	
胸部	抬肘训练	✓	
	交替俯卧撑	✓	
肩部	哑铃侧平举	✓	
胸部	手臂撑椅后伸	✓	
背部	抱膝仰卧起坐	✓	
臀部	后踢腿	✓	
	夹球提臀	✓	
腰部	平板支撑	✓	
	仰卧抬腿	✓	
	侧向平板支撑	✓	
	十字劈掌仰卧起坐	✓	
	椅上伸腿训练	✓	
	转体训练	✓	
腿部	坐椅蹲起	✓	
	前弓步蹲	✓	
	慢速蹲起	✓	
		✓	
		✓	
		✓	

	运动项目	已完成
其他运动项目	伸展	✓
	项目名称 · 组数	
	有氧运动	✓
	项目名称 · 组数	
	其他运动	✓
	项目名称 · 组数	

自我评价 / 记录

今天的注意点	○好的地方
	△需要反省的地方
	☆其他备注

饮食 & 营养	早餐
	午餐
	晚餐
	其他时间段的饮食

今天的自我评分

________ 分

实施日　　年　　月　　日

今天的状态

▶ 好 · 普通 · 不好（理由）

昨天的睡眠时间

▶ 大约　　小时

	训练项目	已完成	组数
全身	手触脚尖	✓	
	飞犬式	✓	
	单腿平衡	✓	
胸部	抬肘训练	✓	
	交替俯卧撑	✓	
肩部	哑铃侧平举	✓	
胸部	手臂撑椅后伸	✓	
背部	抱膝仰卧起坐	✓	
臀部	后踢腿	✓	
	夹球提臀	✓	
腰部	平板支撑	✓	
	仰卧抬腿	✓	
	侧向平板支撑	✓	
	十字劈掌仰卧起坐	✓	
	椅上伸腿训练	✓	
	转体训练	✓	
腿部	坐椅蹲起	✓	
	前弓步蹲	✓	
	慢速蹲起	✓	
		✓	
		✓	
		✓	

	运动项目		已完成
其他运动项目	伸展		✓
	项目名称 · 组数		
	有氧运动		✓
	项目名称 · 组数		
	其他运动		✓
	项目名称 · 组数		

自我评价 / 记录

今天的注意点	○好的地方
	△需要反省的地方
	☆其他备注

饮食&营养	早餐
	午餐
	晚餐
	其他时间段的饮食

今天的自我评分

＿＿＿＿＿＿ 分

每周 & 每月训练记录表

201____年____月　　完成目标后的奖励________________

MON	TUE	WED	THU	FRI	SAT	SUN	本周的成果
							体重 ____kg ▼ ____kg　体脂肪率 ____% ▼ ____%
							体重 ____kg ▼ ____kg　体脂肪率 ____% ▼ ____%
							体重 ____kg ▼ ____kg　体脂肪率 ____% ▼ ____%
							体重 ____kg ▼ ____kg　体脂肪率 ____% ▼ ____%
							体重 ____kg ▼ ____kg　体脂肪率 ____% ▼ ____%

目标完成：达成！___ / ___ 未达成

本月的成果
（同比上个月）

- ▶ 体重　：± ____ kg
- ▶ 体脂肪：± ____ %
- ▶ 　　　：± ____
- ▶ 　　　：± ____

memo

201 ____ 年 ____ 月　　完成目标后的奖励 ________________

MON	TUE	WED	THU	FRI	SAT	SUN	本周的成果
							体重 体脂肪率 kg % ▼ ▼ kg %
							体重 体脂肪率 kg % ▼ ▼ kg %
							体重 体脂肪率 kg % ▼ ▼ kg %
							体重 体脂肪率 kg % ▼ ▼ kg %
							体重 体脂肪率 kg % ▼ ▼ kg %

目标完成：达成！ ___ / ___未达成

本月的成果

（同比上个月）

▶ 体重　：± ______ kg

▶ 体脂肪：± ______ %

▶ 　　　：± ______

▶ 　　　：± ______

memo

每周 & 每月训练记录表

201 ____ 年 ____ 月　　完成目标后的奖励 ____________

MON	TUE	WED	THU	FRI	SAT	SUN	本周的成果
							体重 ___kg ▼ ___kg　体脂肪率 ___% ▼ ___%
							体重 ___kg ▼ ___kg　体脂肪率 ___% ▼ ___%
							体重 ___kg ▼ ___kg　体脂肪率 ___% ▼ ___%
							体重 ___kg ▼ ___kg　体脂肪率 ___% ▼ ___%
							体重 ___kg ▼ ___kg　体脂肪率 ___% ▼ ___%

目标完成：达成！ ___ / ___ 未达成

本月的成果
（同比上个月）

▶ 体重　：± ______ kg

▶ 体脂肪：± ______ %

▶ 　　　：± ______

▶ 　　　：± ______

memo

201 ____ 年 ____ 月　　完成目标后的奖励 ______________________

MON	TUE	WED	THU	FRI	SAT	SUN	本周的成果
							体重 体脂肪率 ____kg ____% ▼ ▼ ____kg ____%
							体重 体脂肪率 ____kg ____% ▼ ▼ ____kg ____%
							体重 体脂肪率 ____kg ____% ▼ ▼ ____kg ____%
							体重 体脂肪率 ____kg ____% ▼ ▼ ____kg ____%
							体重 体脂肪率 ____kg ____% ▼ ▼ ____kg ____%

目标完成：达成！ ___ / ___未达成

本月的成果
（同比上个月）

▶ 体重 ： ± ______ kg

▶ 体脂肪： ± ______ %

▶ ： ± ______

▶ ： ± ______

memo

每周 & 每月训练记录表

201____年____月　　完成目标后的奖励____________________

MON	TUE	WED	THU	FRI	SAT	SUN	本周的成果
✓	✓	✓	✓	✓	✓	✓	体重 ____kg ▼ ____kg 体脂肪率 ____% ▼ ____%
✓	✓	✓	✓	✓	✓	✓	体重 ____kg ▼ ____kg 体脂肪率 ____% ▼ ____%
✓	✓	✓	✓	✓	✓	✓	体重 ____kg ▼ ____kg 体脂肪率 ____% ▼ ____%
✓	✓	✓	✓	✓	✓	✓	体重 ____kg ▼ ____kg 体脂肪率 ____% ▼ ____%
✓	✓	✓	✓	✓	✓	✓	体重 ____kg ▼ ____kg 体脂肪率 ____% ▼ ____%

目标完成：达成！___ / ___未达成

本月的成果
（同比上个月）

- ▶体重　：± ____ kg
- ▶体脂肪：± ____ %
- ▶　　　：± ____
- ▶　　　：± ____

memo

201____年____月　　完成目标后的奖励________________

MON	TUE	WED	THU	FRI	SAT	SUN	本周的成果
							体重 ___kg ▼ ___kg　体脂肪率 ___% ▼ ___%
							体重 ___kg ▼ ___kg　体脂肪率 ___% ▼ ___%
							体重 ___kg ▼ ___kg　体脂肪率 ___% ▼ ___%
							体重 ___kg ▼ ___kg　体脂肪率 ___% ▼ ___%
							体重 ___kg ▼ ___kg　体脂肪率 ___% ▼ ___%

目标完成：达成！___ / ___未达成

本月的成果
（同比上个月）

▶ 体重　：± ______ kg

▶ 体脂肪：± ______ %

▶ 　　　：± ______

▶ 　　　：± ______

memo

Home Training **Note**

特别附录训练日志

24天训练计划

使 用 方 法

在 24 天中，一天尝试做一种项目，每做完一种，就在确认栏中画钩，
这种心情就像在旅游过程中收集各地的特色邮戳一般。
记录下当天发现的问题，阅读最下方的“小建议”，第二天再兴致高昂地继续加油吧！

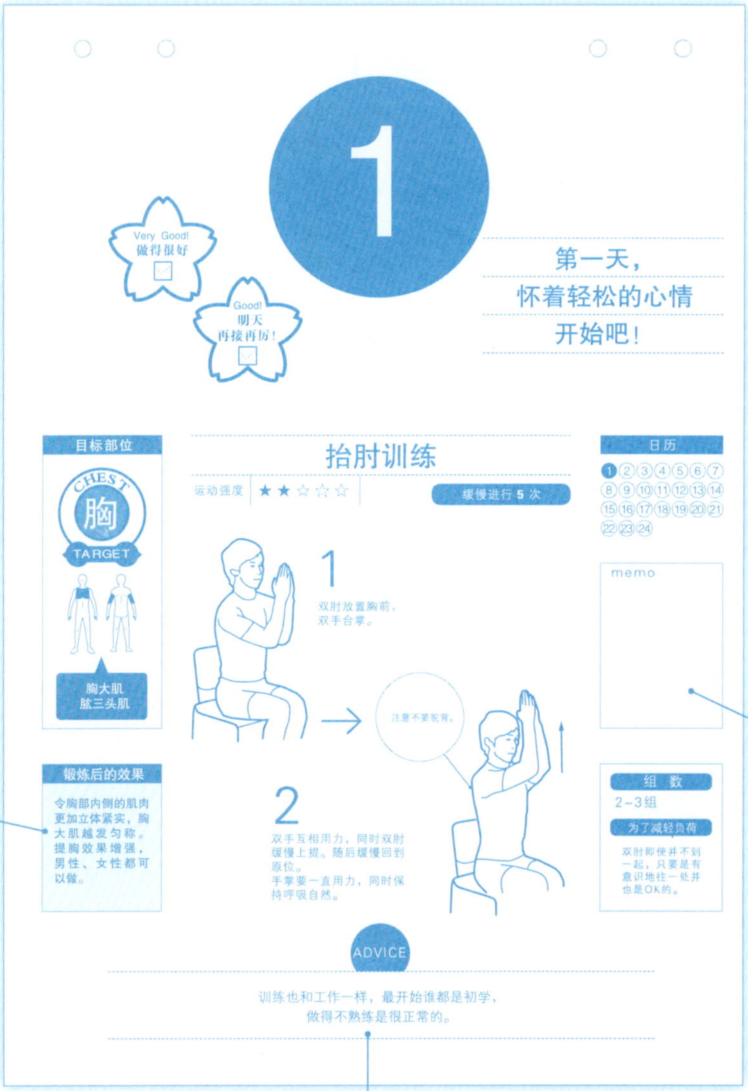

此处对锻炼后，目标部位发生的变化进行说明。

在此处填写发现的问题。

促使居家肌肉训练坚持下去的小建议。

Very Good!
做得很好

Good!
明天
再接再厉！

1

第一天，怀着轻松的心情开始吧！

目标部位

CHEST
胸
TARGET

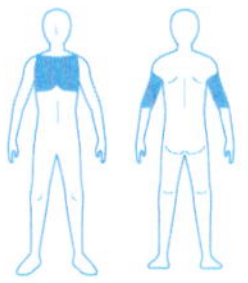

胸大肌
肱三头肌

抬肘训练

运动强度 ★★☆☆☆

缓慢进行 5 次

1

双肘放置胸前，
双手合掌。

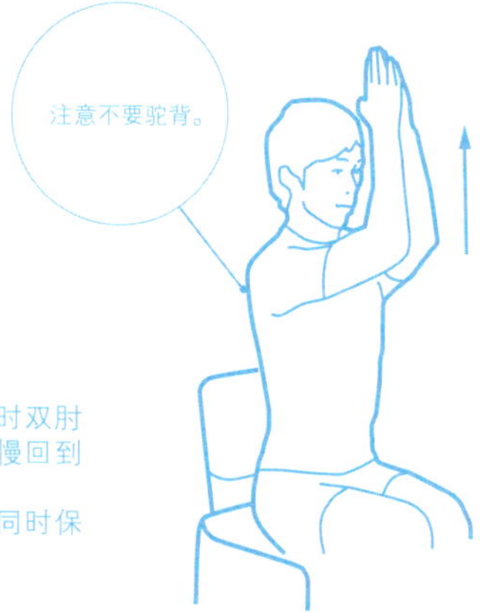

2

双手互相用力，同时双肘缓慢上提。随后缓慢回到原位。
手掌要一直用力，同时保持呼吸自然。

日历

1 2 3 4 5 6 7
8 9 10 11 12 13 14
15 16 17 18 19 20 21
22 23 24

memo

组数

2~3组

为了减轻负荷

双肘即使并不到一起，只要是有意识地往一处并也是OK的。

锻炼后的效果

令胸部内侧的肌肉更加立体紧实，胸大肌越发匀称。提胸效果增强，男性、女性都可以做。

ADVICE

训练也和工作一样，最开始谁都是初学，
做得不熟练是很正常的。

2

挑战手臂伸展、左右不对称的俯卧撑

交替俯卧撑

运动强度 ★★☆☆☆

左右各 **10** 次

目标部位

胸大肌
肱三头肌

1

从一般的俯卧撑姿势开始做起，右手在肩膀正下方，左手尽量远离身体放置。

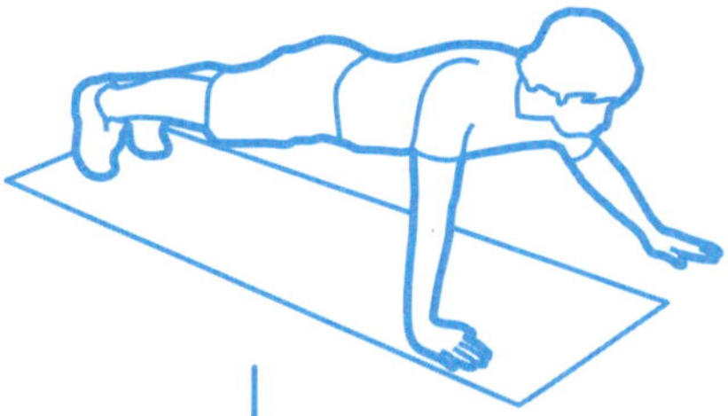

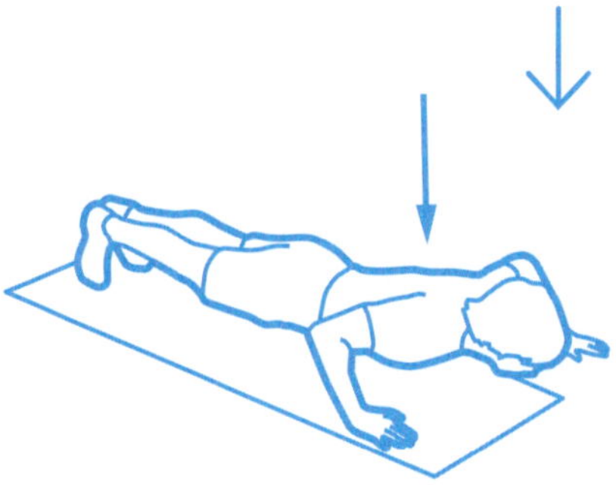

2

保持这个姿势，缓慢地进行俯卧撑。然后换另一侧重复上述动作。

日历

1 2 3 4 5 6 7 8 9 10 11 12 13 14 15 16 17 18 19 20 21 22 23 24

memo

锻炼后的效果

因为能够对胸部肌肉面整体大范围地给予刺激，所以可以塑造更大、更匀称的胸肌。

组 数

2~3组

为了减轻负荷

注意手放置的位置不要离身体太远。

ADVICE

天气不好的日子，如果可以在自己家里训练就没有问题。
这正是“居家肌肉训练”实践的绝好时机。

Very Good!
做得很好

Good!
明天
再接再厉！

3

一口气
锻炼全身

目标部位

CHEST
胸
TARGET

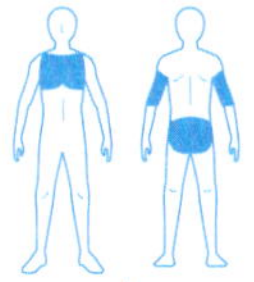

胸大肌
肱三头肌
臀大肌

单腿俯卧撑

运动强度 ★★★☆☆

左右各 **10** 次

1

手掌下垫厚书进行俯卧撑，用别的平稳厚实的物件代替书也可以。最初动作和前面一样，注意单腿抬起并且身体呈一条直线，保持静止。

做俯卧撑时上半身下落至离地面越近效果越大。抬起的腿尽量不要碰到地面。

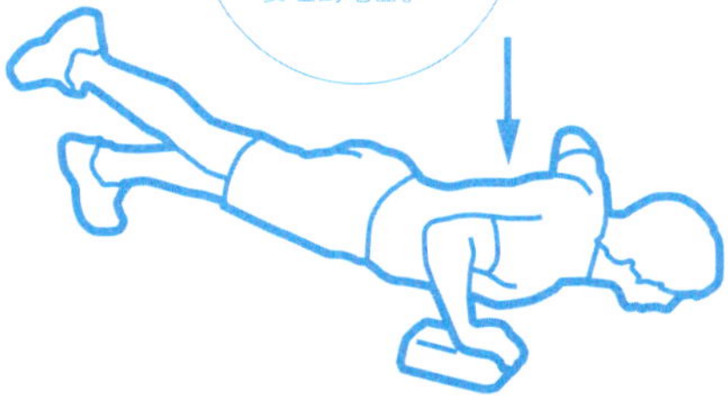

2

向下做俯卧撑，腿不要晃动。然后换另一侧腿重复上述动作。

日历

1 2 3 4 5 6 7 8 9 10 11 12 13 14 15 16 17 18 19 20 21 22 23 24

memo

锻炼后的效果

胸大肌强化、腿部紧实，且提臀效果显著。做俯卧撑时上半身下沉幅度越大，效果越明显。

组数

2~3组

为了减轻负荷

每次做俯卧撑时脚尖触地也OK。

ADVICE

训练过程中要勤补水。
但是，训练过后猛喝水会对内脏造成负担，请小心注意。

4

Very Good!
做得很好

Good!
明天
再接再厉！

扩大肩宽
塑造结实的肩膀

目标部位

肩部
三角肌

哑铃侧平举

运动强度 ★★☆☆☆

10 次

1

双手各持一个哑铃，掌心朝内（使用2~5kg较轻负荷的哑铃）。

2

双臂侧平举，至与肩同高，然后缓慢放回原位。避免利用反作用力甩着抬放。

日历

❶❷❸❹⑤⑥⑦
⑧⑨⑩⑪⑫⑬⑭
⑮⑯⑰⑱⑲⑳㉑
㉒㉓㉔

memo

锻炼后的效果

手臂紧实，肩膀的三角肌塑型，从正面看上半身的平衡感很好，形成倒三角的轮廓。

组 数

2~3组

为了减轻负荷

如果想减轻负荷，使用500ml的矿泉水瓶也OK。

ADVICE

能够有效利用多少闲暇时间是成功的关键。
训练内容分段进行也没有问题。

5

Very Good! 做得很好

Good! 明天再接再厉！

在办公室的休息时间进行也OK

目标部位

WAIST 腰部 TARGET

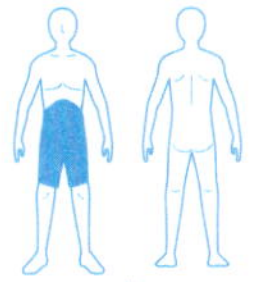

腹直肌
股四头肌

锻炼后的效果

实现腹肌中央至下腹的塑型，大腿和膝盖周围肌肉紧实，形成张弛有度的美腿线条。

椅上伸腿训练

运动强度 ★★★☆☆

缓慢做**10**分钟

1 虚坐在椅子上，双脚合拢。

2 双膝抬起靠近胸前，腹部肌肉用力以保持平衡，同时双腿前伸。

3 双脚不要碰触地面，保持双腿并拢的姿势缓慢伸屈膝盖。

在做起来吃力的情况下，可以用后背靠着椅背，或者单腿进行训练。

日历

1 2 3 4 5 6 7 8 9 10 11 12 13 14 15 16 17 18 19 20 21 22 23 24

memo

组 数

2~3组

为了减轻负荷

屈伸动作小幅进行，或者单腿进行也OK。

ADVICE

如果有意识地抱着“想要变为○○的体型，尝试○○的事情”的目的进行训练，不仅在身体上，在心情上也能够张弛有度。

6

延续昨天
在工作间歇进行
也OK

目标部位

WAIST
腰部
TARGET

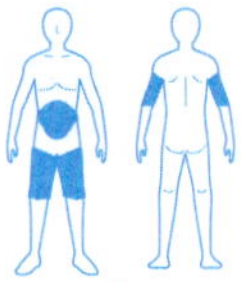

腹直肌
肱三头肌
股四头肌

锻炼后的效果

努力锻炼到躯干的肌肉，能够紧实腹部周边，并强化上臂和胸大肌下部。

撑椅臀部悬空

运动强度 ★★★☆☆

缓慢做 5 次

1

坐在椅子上，双手紧握座椅前端的两侧，后背挺直。上半身略微前倾，保持身体重心平衡。

→

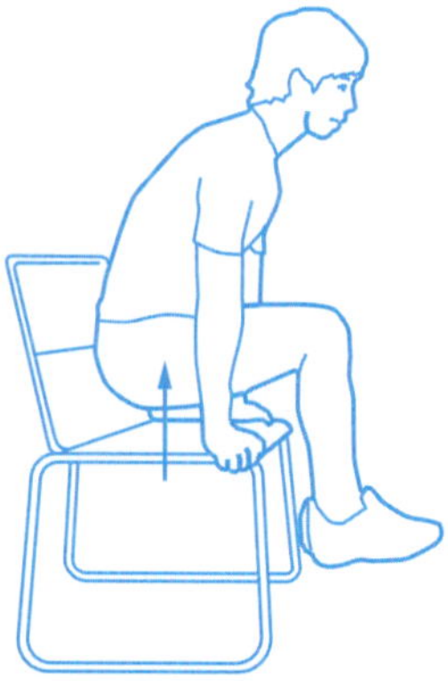

2

腹肌和手臂用力抬臀，使臀部离开座椅。保持臀部悬空姿势3秒左右静止不动。

日历

❶❷❸❹❺❻⑦
⑧⑨⑩⑪⑫⑬⑭
⑮⑯⑰⑱⑲⑳㉑
㉒㉓㉔

memo

组 数

2~3组

为了减轻负荷

臀部不离开座椅，仅使膝盖贴近胸部进行训练也OK。

ADVICE

如果觉得肌肉刺激不够，
缩短训练项目间的休息时间也会很有效果。

7

能确实感觉到“有效果”的就是这一项

目标部位

WAIST
腰部
TARGET

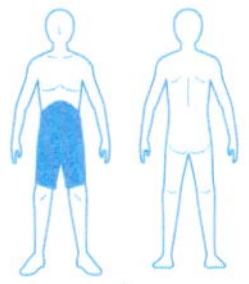

腹直肌
股四头肌

锻炼后的效果

腹肌整体高效紧实，同时以腿部为代表的全身肌肉得到刺激。基础代谢量提高，形成不易发胖的体质。

平板支撑

运动强度 ★★★☆☆

保持该姿势 **30** 秒

1

俯卧，双肘双膝触地。

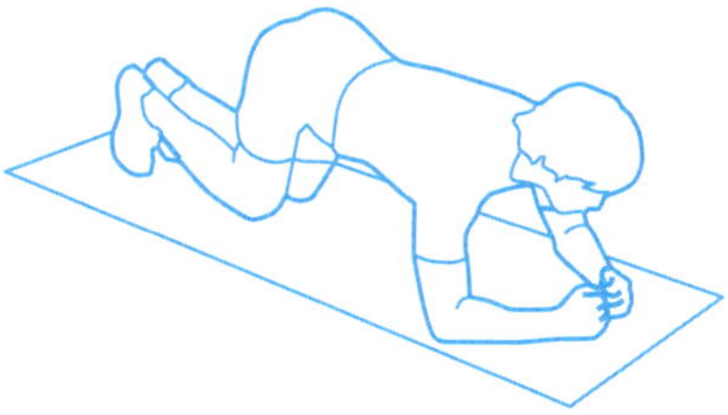

在吃力的情况下，双膝触地也没关系。

↓

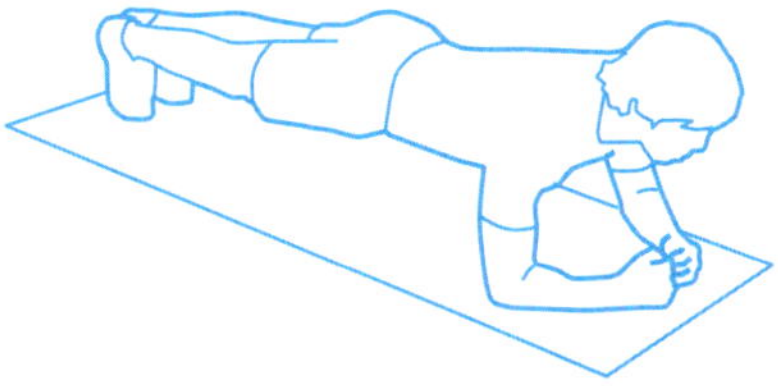

2

双肘支撑地面，抬起双膝，身体保持一条直线。保持该姿势30秒静止不动。

日历

1 2 3 4 5 6 7
8 9 10 11 12 13 14
15 16 17 18 19 20 21
22 23 24

memo

组　数

2～3组

为了减轻负荷

保持膝盖触地状态进行训练也OK。

ADVICE

身体线条是根据肌肉和脂肪的生长方式成型的。
通过改善每天的生活习惯，目的性强地进行训练，逐步接近自己的理想体型。

Very Good!
做得很好

Good!
明天
再接再厉！

8

慢慢渗入
腹肌

目标部位

WAIST
腰部
TARGET

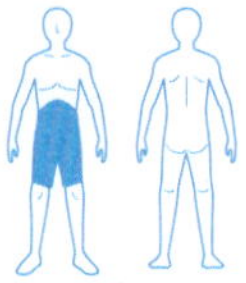

腹直肌下部
股四头肌

锻炼后的效果

下腹受到精准的刺激，变得越发紧实。腿部的肌肉力量提升，大腿的紧实效果值得期待。

仰卧抬腿

运动强度 ★★★☆☆

缓慢做 **10** 次

1

仰卧，双手展开，两脚脚尖交叉并拢。

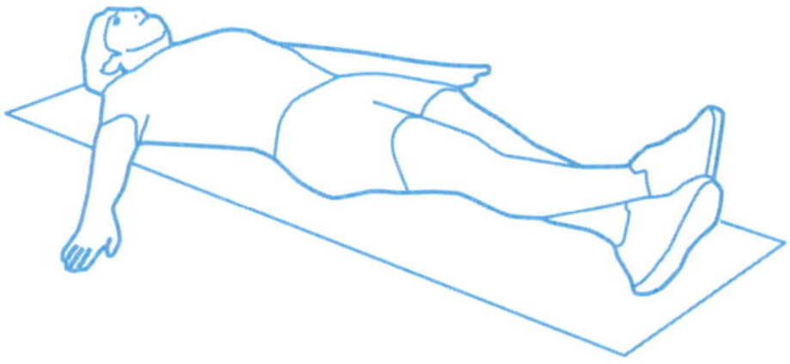

↓

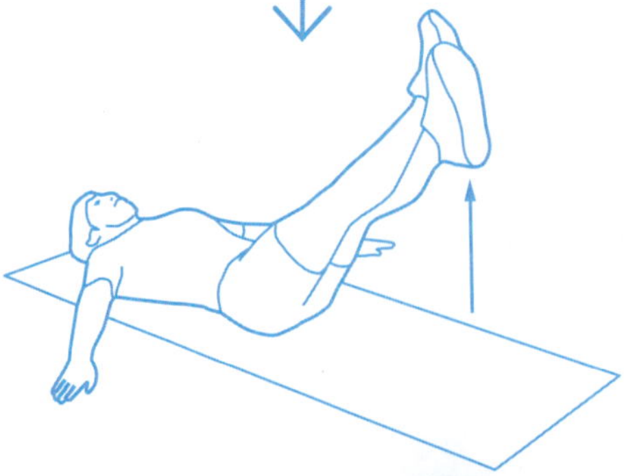

2

脚尖抬起，伸向天花板。然后脚后跟缓慢放下，但不要碰触地面。注意力集中在下腹，缓慢进行。

日历

1 2 3 4 5 6 7
8 9 10 11 12 13 14
15 16 17 18 19 20 21
22 23 24

memo

组 数

2组

为了减轻负荷

做动作时脚跟碰触地面，或单腿进行训练也OK。

ADVICE

训练后觉得肌肉疼痛，如果是轻微疼痛的话，就没有问题。
注意摄取营养、注重休息会使训练效果更上一层楼。

9

Very Good!
做得很好
☐

Good!
明天
再接再厉！
☐

扭转上身
刺激腹肌
从而体会紧绷的感觉

目标部位

WAIST
腰部
TARGET

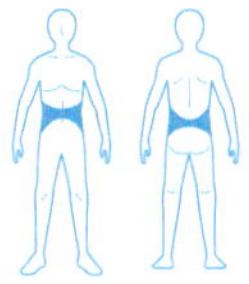

腹斜肌

锻炼后的效果

高效刺激腹斜肌，作用于侧腹的塑型。此外，腹肌上部实现强化、紧实。

十字劈掌仰卧起坐

运动强度 ★★★★☆

左右交替共 **10** 次

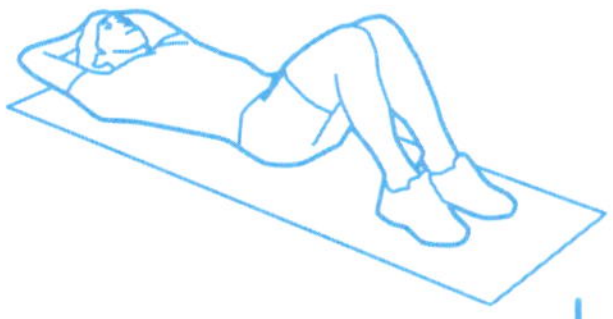

1

仰卧，屈膝。双手放在头顶。

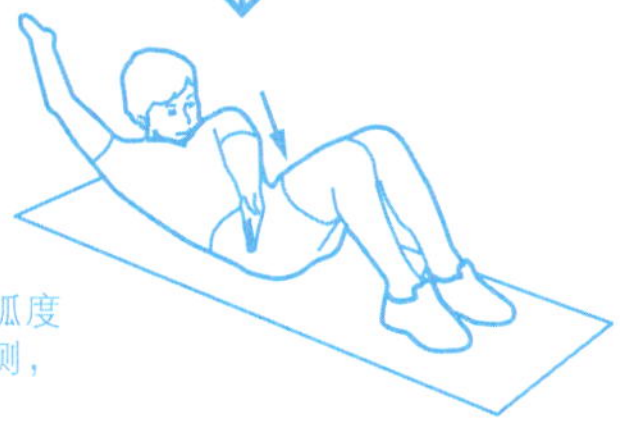

2

单侧手臂伸直，大弧度挥向另一侧大腿外侧，然后收回。

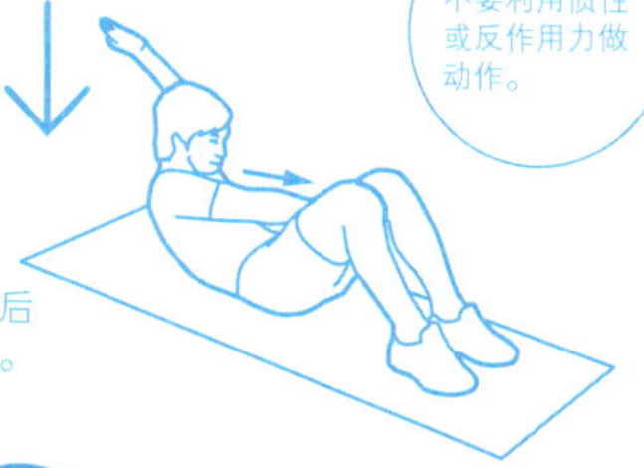

3

回复到1的姿势，然后另一手臂重复动作。左右交替进行。

不要利用惯性或反作用力做动作。

日历

1 2 3 4 5 6 7
8 9 10 11 12 13 14
15 16 17 18 19 20 21
22 23 24

memo

组 数

2组

为了减轻负荷

无需勉强去做，可适当减缓起身幅度。

ADVICE

通过训练提高肌肉力量后，
不仅可以改变体型和体力，日常生活中的步伐也会变得轻盈起来。

Very Good!
做得很好

Good!
明天
再接再厉！

10

最适用于
上半身塑型

目标部位

WAIST
腰部
TARGET

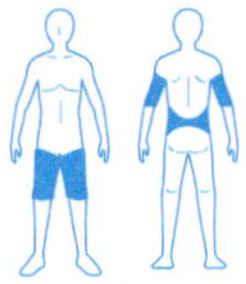

腹直肌
肱三头肌
股四头肌

锻炼后的效果

侧腹和上臂同时实现紧实。为了掌握平衡自然地使用到躯干，从而使核心肌肉得到锻炼。

转体训练

运动强度 ★★★☆☆

左右交替共 **10** 次

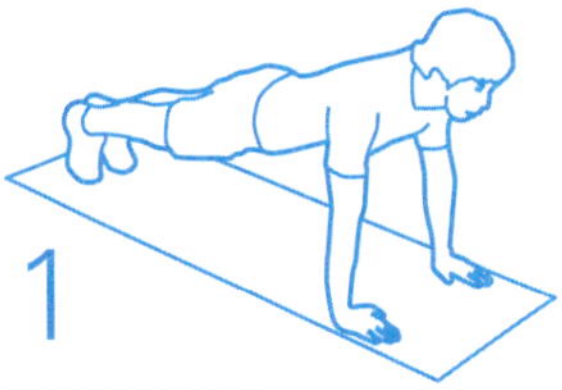

1

双手双脚撑地，全身伸展呈一条直线（俯卧撑的准备姿势）。

2

缓慢扭转身体，同时单手直直地伸向天花板，目光注视手指尖。

3

接着缓慢回到原位。左右交替进行。

日历

1 2 3 4 5 6 7
8 9 10 11 12 13 14
15 16 17 18 19 20 21
22 23 24

memo

组 数

2组

为了减轻负荷

单侧膝盖触地进行训练也OK。

ADVICE

虽然不能飞跃式地迅速达成目标，但只要入了门，切实感受到变化，有了自信，动力就会越来越足。

11

Very Good!
做得很好

Good!
明天
再接再厉！

感到千篇一律略显
无聊的时候
正是要加把劲的时候

抱膝仰卧起坐

运动强度 ★★★☆☆

左右缓慢各 **10** 次

目标部位

背阔肌
肱二头肌
腹直肌
股四头肌

锻炼后的效果

在紧实腹肌的同时，给予手臂、背部、脚部高效的刺激，尤其能够使上半身变得厚实。

1

仰卧屈膝。双手抱住一侧膝盖，另一侧的手臂伸直，从地面抬起。

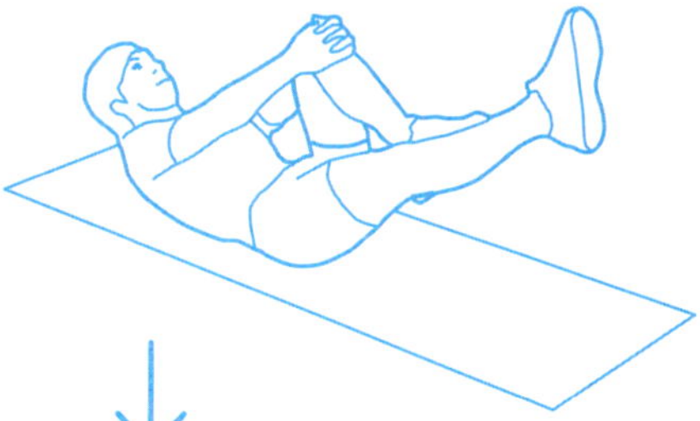

↓

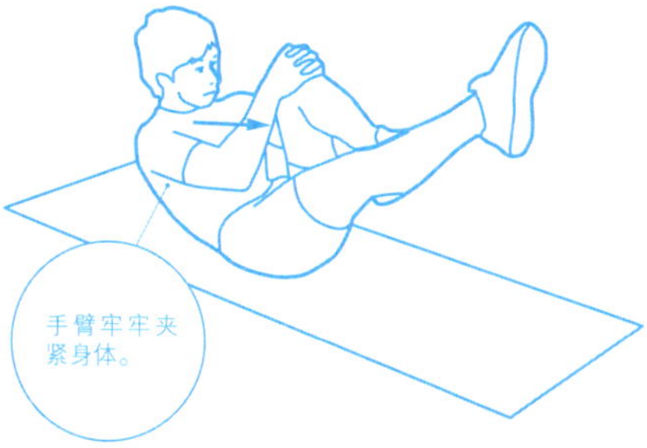

2

双臂紧夹身体，手臂和腹部肌肉用力，同时上半身抬起，缓慢使胸部靠近膝盖。胸部碰到膝盖后缓慢伸直手臂。左右各自进行。

日历

1 2 3 4 5 6 7
8 9 10 11 12 13 14
15 16 17 18 19 20 21
22 23 24

memo

组 数

2~3组

为了减轻负荷

腿不从地面抬起也OK。

ADVICE

训练过程中保持呼吸自然。
出声数出动作次数的话，可以实现正确的呼吸步调哦。

Very Good!
做得很好

Good!
明天
再接再厉！

12

上臂内侧塑型 使形象提升

目标部位

ARM 上臂 TARGET

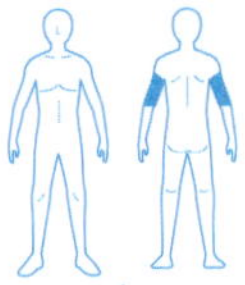

肱三头肌

锻炼后的效果

刺激上臂内侧，塑造有柔韧性、紧实的手臂。同时支撑、提升胸部的效果明显。

手臂撑椅后伸

运动强度 ★★☆☆☆

缓慢弯曲伸展 **10** 次

1

背向椅子或合适高度的台子，双手抓住接触面前端。

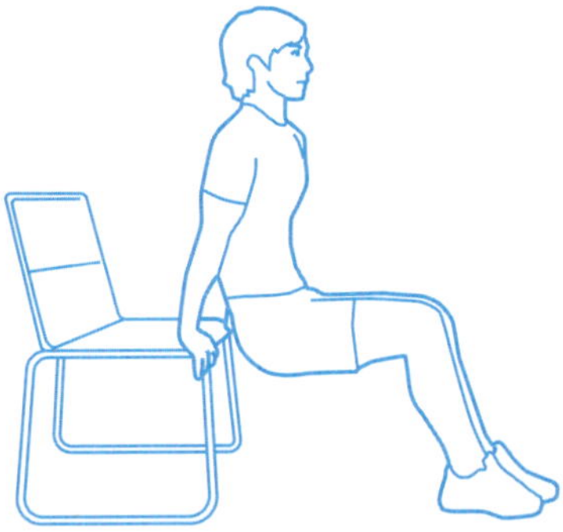

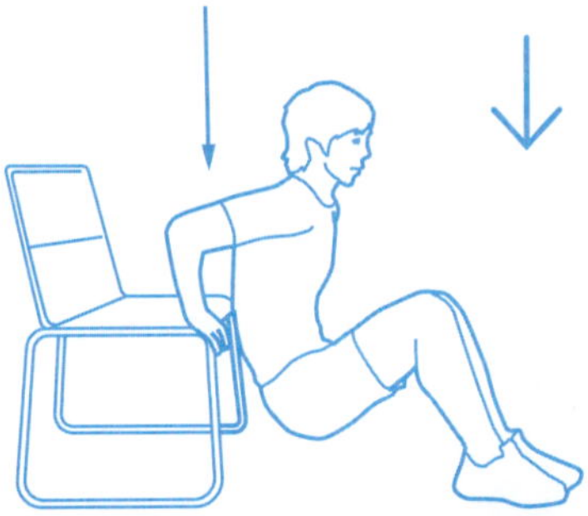

2

肘部和膝盖各自呈90度弯曲，同时身体下沉。随后上臂用力使身体回到原位。

日历

1 2 3 4 5 6 7 8 9 10 11 12 13 14 15 16 17 18 19 20 21 22 23 24

memo

组数

2组

为了减轻负荷

使脚跟的位置靠近臀部。

ADVICE

忙碌的人在早晨进行训练，可以激活交感神经，精神抖擞。
同时维持高度代谢的状态。

Very Good!
做得很好

Good!
明天
再接再厉！

13

实现美腿、长腿

目标部位

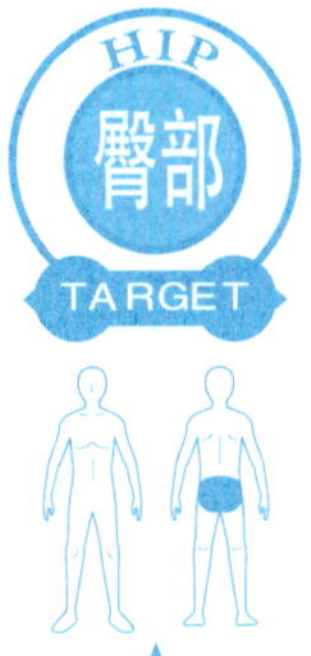

臀大肌

锻炼后的效果

通过提臀，不仅提升美腿、长腿的效果，还刺激大腿内侧的肌肉群，塑造美丽的身形。

后踢腿

运动强度 ★☆☆☆☆

左右缓慢各 **10** 次

1

双手握住椅背，单膝抬至肚脐高度。

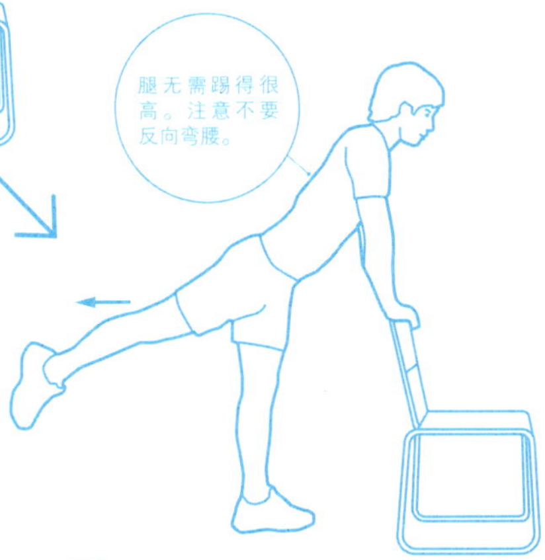

2

脚后跟向正后方伸展，缓慢踢腿。注意力集中在臀部的肌肉，缓慢进行。换另一只脚重复上述动作。

日历

1 2 3 4 5 6 7
8 9 10 11 12 13 14
15 16 17 18 19 20 21
22 23 24

memo

组数

2~3组

为了减轻负荷

脚尖小幅抬离地面也OK。

ADVICE

在进行不熟悉的训练项目时，
不仅要完成要求的次数，更要注意自己的动作、姿势是否正确。

14

Very Good!
做得很好

Good!
明天
再接再厉！

臀部的紧实
影响身体整体的外观

目标部位

HIP
臀部
TARGET

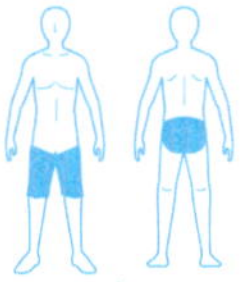

臀大肌
股四头肌

夹球提臀

运动强度 ★★★☆☆

缓慢做 **10** 次

日历

1 2 3 4 5 6 7
8 9 10 11 12 13 14
15 16 17 18 19 20 21
22 23 24

memo

1

仰卧屈膝。双膝夹紧球。没有球的情况下，可以用靠垫代替。

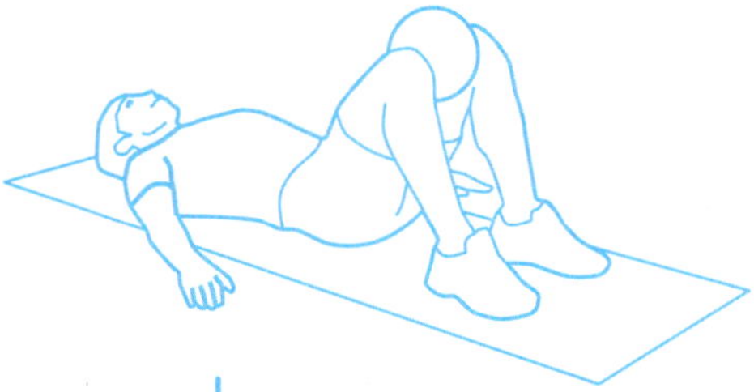

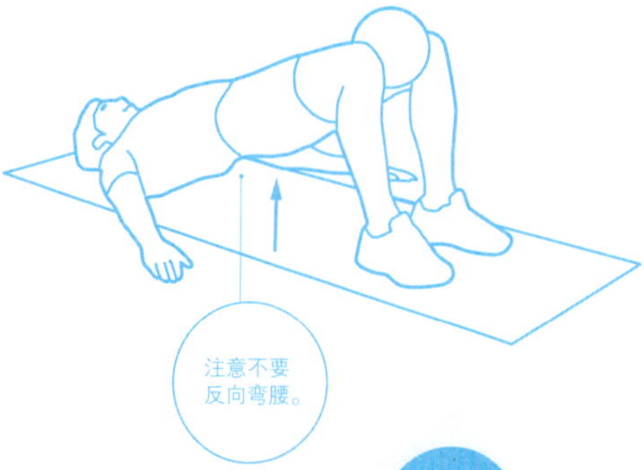

2

身体不要摇晃，缓慢提起腰部。如果脚跟保持着地的话，会使臀部的筋肉得到更有效的锻炼。同时掌心扣地，保持平衡。

锻炼后的效果

臀部和大腿内侧同时变得紧实。提臀的动作使下半身整体得到锻炼，因此基础代谢也会提升。

组 数

2组

为了减轻负荷

结合自己的肌肉力量，适当调整（降低）提臀的高度。

ADVICE

觉得自己体力有余的话，请试着比平时多做一组，相应的训练效果也会提升哦。

15

进入第三周
已经坚持到现在了那
就没问题啦

Very Good!
做得很好

Good!
明天
再接再厉！

目标部位

LEG
腿部
TARGET

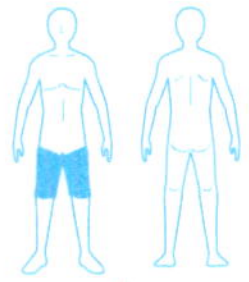

股四头肌

坐椅单腿伸展

运动强度 ★☆☆☆☆

缓慢做 **10** 次

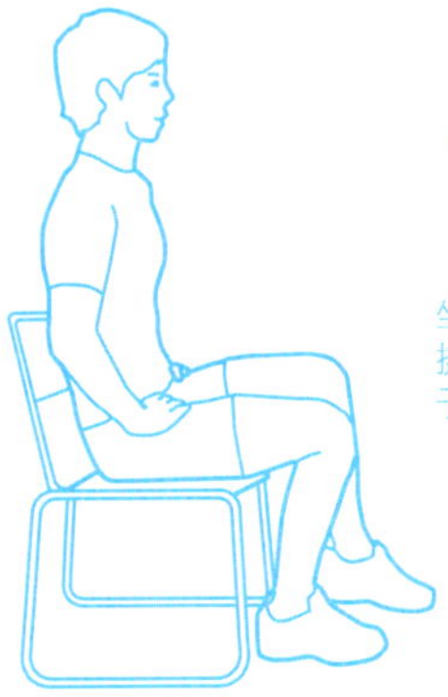

1

坐在椅子上，后背挺直。同时双手置于腰间。

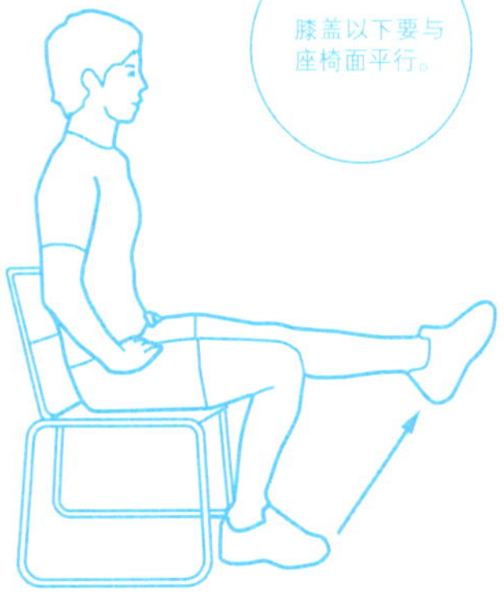

膝盖以下要与座椅面平行。

2

保持后背挺直，单腿单膝缓慢伸展。然后换另一侧腿重复上述动作。

日历

1 2 3 4 5 6 7
8 9 10 11 12 13 14
15 16 17 18 19 20 21
22 23 24

memo

锻炼后的效果

大腿的肌肉得到集中锻炼。对膝盖周围的肌肉松弛有改善效果。

组　数

2~3组

为了减轻负荷

因为动作本身是负荷较小的训练项目，所以可以适当增减次数进行调整。

ADVICE

不知为何心情不好的时候，优先进行自己擅长的训练项目，
有可能会找回平时的节奏。

16

Very Good!
做得很好

Good!
明天
再接再厉！

这个训练项目的重点是要慢慢做

目标部位

LEG
腿部
TARGET

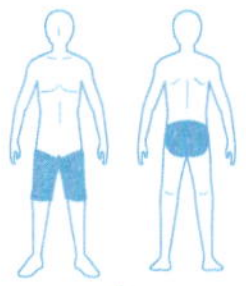

股四头肌
臀大肌

锻炼后的效果

因为刺激到大腿和臀部之间的大腿根部位，所以提臀、长腿效果值得期待。大肌群得到刺激，代谢提升。

坐椅蹲起

运动强度 ★★☆☆☆

缓慢做 **10** 次

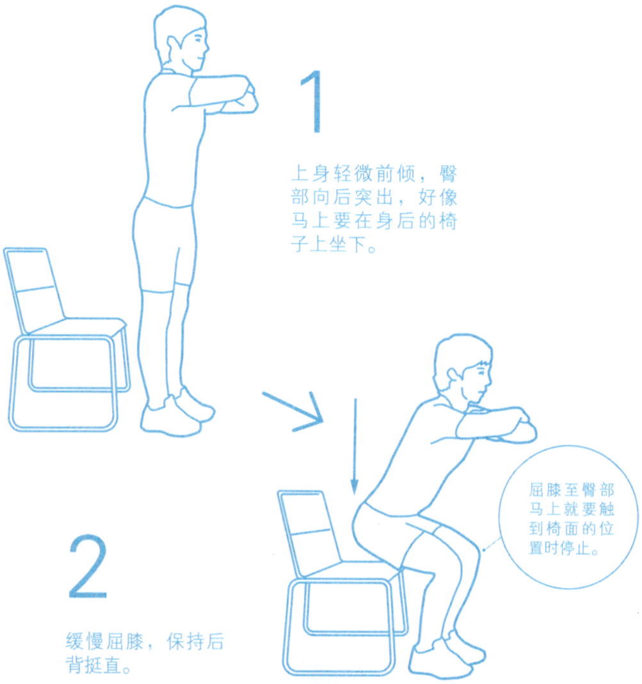

1

上身轻微前倾，臀部向后突出，好像马上要在身后的椅子上坐下。

2

缓慢屈膝，保持后背挺直。

日历

1 2 3 4 5 6 7 8 9 10 11 12 13 14 15 16 17 18 19 20 21 22 23 24

memo

组数

2~3组

为了减轻负荷

减缓屈膝的幅度。

ADVICE

重要的是身体的年龄。
无论肌纤维有多老，通过锻炼都会变得强大、粗壮。

17

精力充沛地运动
效果也会棒棒哒

Very Good!
做得很好

Good!
明天
再接再厉！

目标部位

LEG
腿部
TARGET

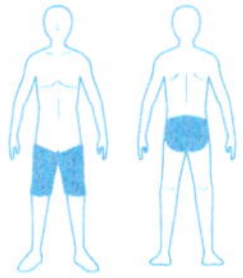

股四头肌
臀大肌

前弓步蹲

运动强度 ★★★☆☆

左右交替共 **10** 次

步幅要适度，不要过大。

1 双腿并拢直立，双手放置腰间。

2 单脚大步向前迈出，膝盖呈90度角弯曲，保持后背挺直，身体尽力下沉。之后，迈出的脚蹬地回到原位。

3 左右交替重复进行。

日历

1 2 3 4 5 6 7 8 9 10 11 12 13 14 15 16 17 18 19 20 21 22 23 24

memo

锻炼后的效果

负荷比较大，腿部肌肉能够得到强化，从而运动能力得到提高。腿形的张弛度提升，效果显著。

组数

2组

为了减轻负荷

减小迈脚的幅度可以减轻负荷。

ADVICE

肌肉细胞的代谢更新大约需要3个月。
只要坚持度过这段时间，就会收获巨大的成果。

Very Good!
做得很好

Good!
明天
再接再厉！

18

比较难锻炼到的“身体后侧”也可以塑形

目标部位

WHOLEBODY
全身
TARGET

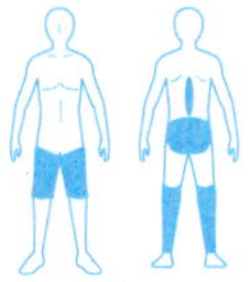

竖脊肌
臀大肌
股四头肌

单腿平衡

运动强度 ★★★★☆

左右交替共 **10** 次

※没有球的话，可用靠垫代替。

1
两腿并拢直立，
胸前抱球。

2
双臂向上缓缓举起，
同时单腿向后伸展。
然后缓缓回到原位。

3
左右交替反复进行。

锻炼后的效果

强化可提高基础代谢的身体后侧。瘦身效果值得期待。紧实腿部（包含腿肚）肌肉。

日历

1 2 3 4 5 6 7
8 9 10 11 12 13 14
15 16 17 18 19 20 21
22 23 24

memo

组　数

2组

为了减轻负荷

减小身体倾斜的角度可以减轻负荷。

ADVICE

不要忘记锻炼身体后侧（后背、腰部周围）。
因为那里生长着能够提高代谢的重要的肌肉群，
充分地给予刺激能够塑造出脂肪不易囤积的体质，姿势也会变得更加端正。

19 使全身紧实的必修项目

Very Good! 做得很好 ☐

Good! 明天再接再厉！ ☐

目标部位

WHOLEBODY 全身 TARGET

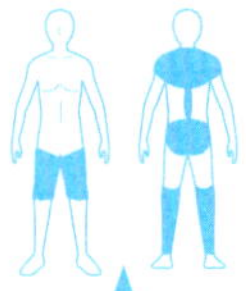

斜方肌
三角肌
臀大肌
股四头肌

锻炼后的效果

臀部、上臂紧实，并且身体躯干的代谢提升效果显著，是塑造易瘦体质不可或缺的训练项目。

飞犬式

运动强度 ★★☆☆☆

左右交替共 **10** 次

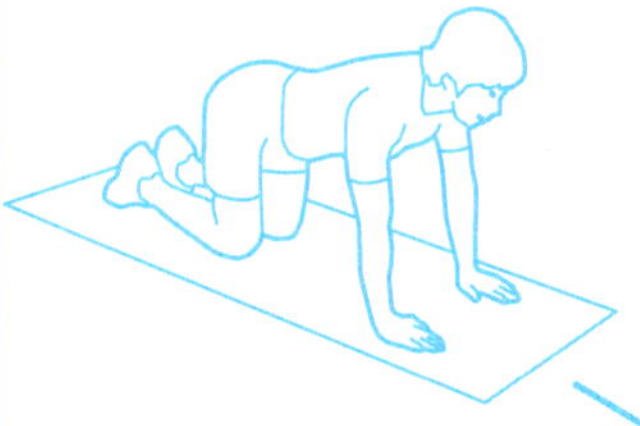

1

四肢着地趴在地上。

有意识地伸直肘关节和膝关节。

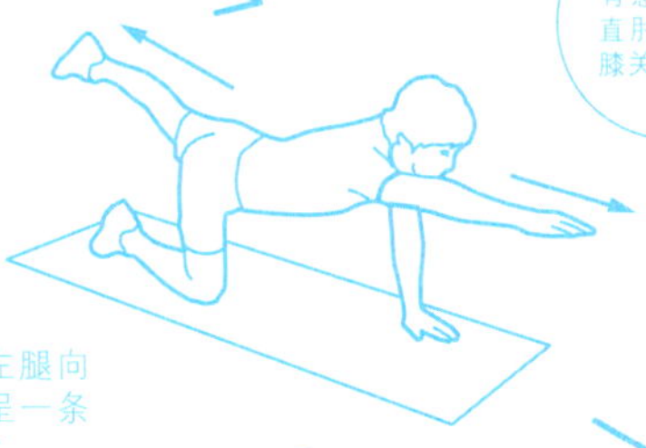

2

右手向前伸、左腿向后伸，与身体呈一条直线。目视前方。

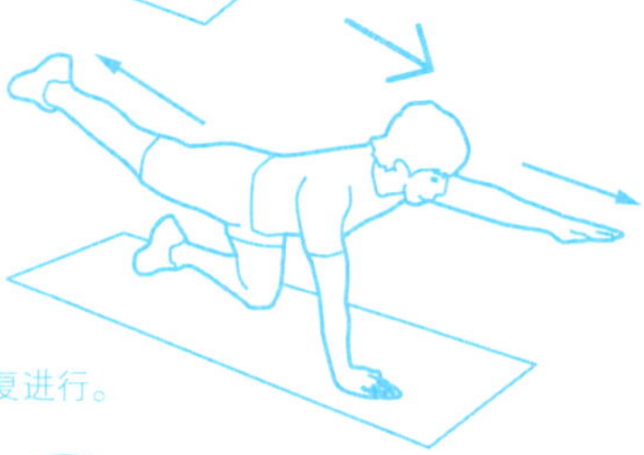

3

左右交替重复进行。

日历

1 2 3 4 5 6 7 8 9 10 11 12 13 14 15 16 17 18 19 20 21 22 23 24

memo

组 数

2~3组

为了减轻负荷

这个训练项目动作本身负荷就比较小，因此可以通过增减次数来调整。

ADVICE

平时走路遛弯呼吸时，
比起吸气，更注意“吐气”，这样氧气就会自然地进入到体内。

20

Very Good!
做得很好

Good!
明天
再接再厉！

脑海中想象着
广播体操
试着去做这个动作吧

目标部位

WHOLEBODY
全身
TARGET

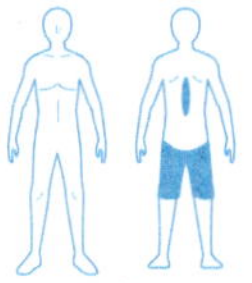

竖脊肌
腿后腱

锻炼后的效果

柔韧度提高，腰部和大腿内侧的肌肉群受到均匀的刺激，代谢得到提高。姿势也更加端正。

手触脚尖

运动强度 ★★☆☆☆

左右交替共 **10** 次

1

两腿大幅分开，手臂举平，与肩同高。

2

一边吐气，一边用右手去碰触左脚尖。随后一边吸气，一边缓缓起身。

3

左右交替进行。

日历

1 2 3 4 5 6 7 8 9 10 11 12 13 14 15 16 17 18 19 20 21 22 23 24

memo

组　数

2~3组

为了减轻负荷

手碰不到脚尖的情况下，就去碰膝盖。

ADVICE

肌肉训练过程中的中间休息时间不要过长，
在100%恢复前再次施加负荷的话，能够给予肌肉更好的刺激。

21

效果媲美
健身房训练

目标部位

胸大肌
肱三头肌

支架俯卧撑

运动强度 ★★★☆☆

缓慢做 **10** 次

1
手握俯卧撑架，身体呈一条直线。

↓

2
做俯卧撑，身体大幅下沉，胸部尽量贴近地面。

锻炼后的效果

身体更深度地下沉，最大限度扩大可动区域，从而高度刺激胸大肌，高效塑造更加厚实强壮的胸板。

日历

1 2 3 4 5 6 7 8 9 10 11 12 13 14 15 16 17 18 19 20 21 22 23 24

memo

组 数

2~3组

为了减轻负荷

膝盖触地进行训练能够减轻负荷，但效果也会减弱。

ADVICE

居家肌肉训练时的穿着自由，但比起宽松的衣服，
穿着合身的衣服能够更明显地感受到外表的变化和锻炼的效果。

22

重点是“缓慢的动作”

Very Good!
做得很好

Good!
明天
再接再厉！

目标部位

LEG
腿部
TARGET

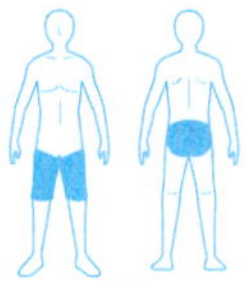

股四头肌
臀大肌

锻炼后的效果

提高全身的紧实效果。锻炼下半身大肌群的肌肉力量，能够提高基础代谢，变为不易发胖的体质。

慢速蹲起

运动强度 ★★★☆☆

缓慢做 **10** 次

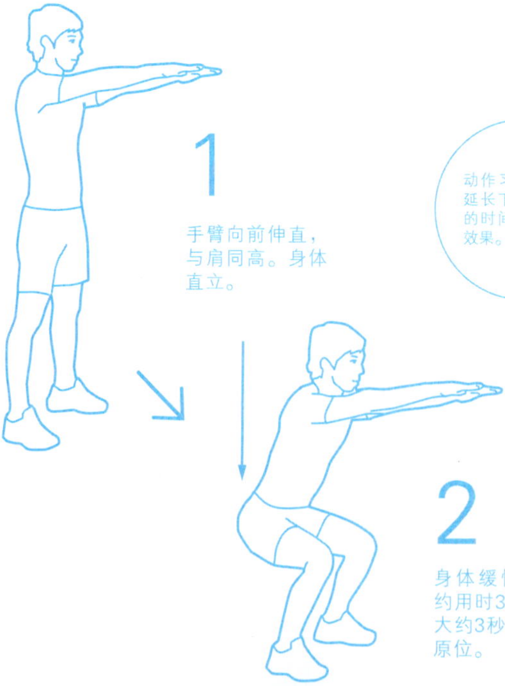

1

手臂向前伸直，与肩同高。身体直立。

动作习惯之后，延长下蹲和回位的时间能够提高效果。

2

身体缓慢下蹲，大约用时3秒。再用时大约3秒，缓慢回到原位。

日历

1 2 3 4 5 6 7
8 9 10 11 12 13 14
15 16 17 18 19 20 21
22 23 24

memo

组 数

2~3组

为了减轻负荷

减小膝盖弯曲的角度。

ADVICE

有氧运动和肌肉训练在同一天进行的话，一定要先进行肌肉训练。这样可以促进生长激素的分泌，提高减肥瘦身效果。

23

有节奏地 缓慢进行

目标部位

WAIST
腰部
TARGET

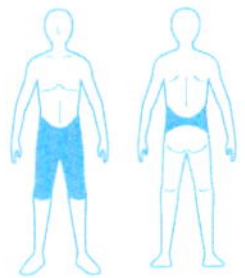

腹斜肌
腰大肌
股四头肌

锻炼后的效果

通过联动并刺激腹肌和腰大肌，使下腹的收紧效果明显。此外，因为由单腿支撑身体，所以腿部力量得到提升。

肘触膝式

运动强度 ★★☆☆☆

左右交替共 **10** 次

1

两脚与肩同宽，后背挺直保持站立，然后曲腰使右肘和左膝互相靠近直至接触。

2

回复原站立姿势，反方向做同样动作。每次动作后上半身要使劲伸直，这一点非常重要。

日历

1 2 3 4 5 6 7
8 9 10 11 12 13 14
15 16 17 18 19 20 21
22 23 24

memo

组 数

2组

为了减轻负荷

降低抬腿的高度。

ADVICE

如果长时间没有锻炼，那么再重新开始时先不用勉强做太多次。
慢慢回到原来的训练强度就可以。

24

用“朴实却又吃力”的这个项目完成24天的训练

Very Good! 做得很好 ☐

Good! 明天再接再厉! ☐

目标部位

WAIST 腰部 TARGET

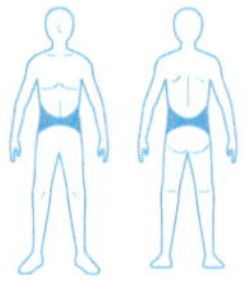

腹斜肌

侧向平板支撑

运动强度 ★★★☆☆

左右交替保持 **20~30** 次秒静止不动

侧身撑地，用肘和脚支撑身体。
保持该姿势20~30秒静止不动。
然后换另一侧重复上述动作。

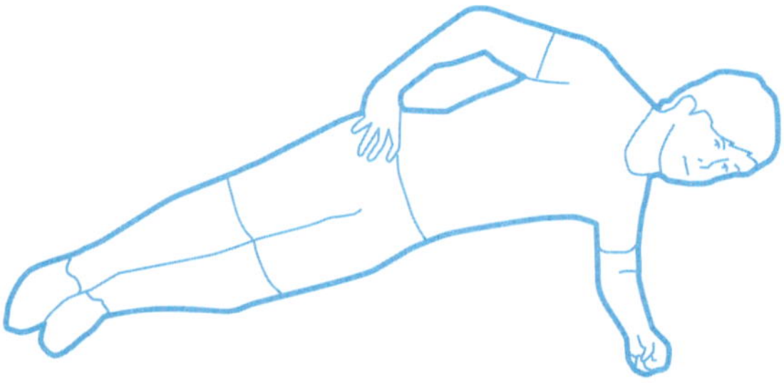

日历

1 2 3 4 5 6 7 8 9 10 11 12 13 14 15 16 17 18 19 20 21 22 23 24

memo

锻炼后的效果

侧腹的紧实效果尤其显著。此外，因为利用全身躯干保持平衡，所以全身的肌肉力量能够得到提升，代谢也得到提高。

组 数

2~3组

为了减轻负荷

双膝弯曲触地也OK。

ADVICE

通过照镜子来检查自己的动作，关注目标部位的动作，
自然地使肌肉训练的注意力高度集中。

日次训练表

实施日　　年　　月　　日

今天的状态
▶ 好 · 普通 · 不好（理由）

昨天的睡眠时间
▶ 大约　　小时

	训练项目	已完成	组数
全身	手触脚尖		
	飞犬式		
	单腿平衡		
胸部	抬肘训练		
	交替俯卧撑		
肩部	哑铃侧平举		
胸部	手臂撑椅后伸		
背部	抱膝仰卧起坐		
臀部	后踢腿		
	夹球提臀		
腰部	平板支撑		
	仰卧抬腿		
	侧向平板支撑		
	十字劈掌仰卧起坐		
	椅上伸腿训练		
	转体训练		
腿部	坐椅蹲起		
	前弓步蹲		
	慢速蹲起		

	运动项目	已完成
其他运动项目	伸展	
	项目名称 · 组数	
	有氧运动	
	项目名称 · 组数	
	其他运动	
	项目名称 · 组数	

自我评价 / 记录

今天的注意点

○好的地方

△需要反省的地方

☆其他备注

饮食 & 营养

早餐

午餐

晚餐

其他时间段的饮食

今天的自我评分

＿＿＿＿＿＿分

周次 & 月次训练表

201 ____ 年 ____ 月　　今天的状态 ____________________

MON	TUE	WED	THU	FRI	SAT	SUN	本周的成果
							体重 kg ▼ kg　体脂肪率 % ▼ %
							体重 kg ▼ kg　体脂肪率 % ▼ %
							体重 kg ▼ kg　体脂肪率 % ▼ %
							体重 kg ▼ kg　体脂肪率 % ▼ %
							体重 kg ▼ kg　体脂肪率 % ▼ %

目标完成： 达成！ ____ / ____ 未达成

本月的成果
（同比上个月）

▶ 体重 ： ± ____ kg

▶ 体脂肪 ： ± ____ %

▶ ： ± ____

▶ ： ± ____

memo

复印用纸

Photo Space

数月后，为了切实感受到训练成果，
建议您每月照一次相进行记录。
请穿着能明显看出身体线条的衣服（可以的话裸体），
拍摄正面全身（或者上半身）直立像。
※ 请复印本页使用。

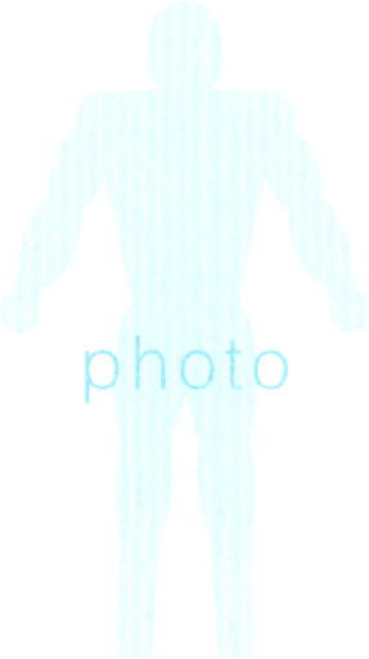

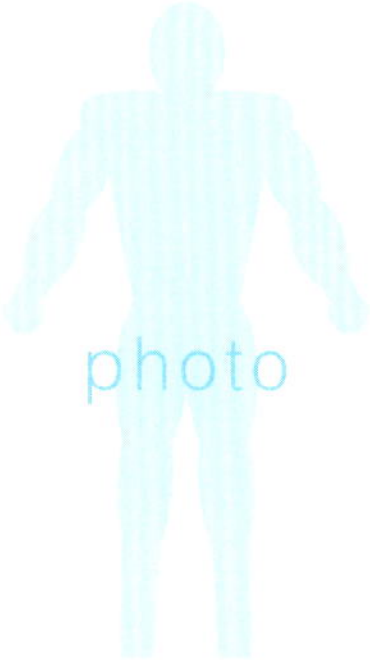

____年____月____日

▶ 体重 ____ kg

▶ 体脂肪 ____ %

____年____月____日

▶ 体重 ____ kg

▶ 体脂肪 ____ %

图书在版编目（CIP）数据

家庭享“瘦”健身手册 /（日）森俊宪著；万莹译．
北京：北京日报出版社，2015.9
ISBN 978-7-5477-1757-8

Ⅰ．①家… Ⅱ．①森… ②万… Ⅲ．①健身运动－手册 Ⅳ．① G883-62

中国版本图书馆 CIP 数据核字（2015）第 215378 号

著作权合作登记号 图字 01-2015-3600

家庭享“瘦”健身手册

出版发行：北京日报出版社
地 址：北京市东城区东单三条 8-16 号东方广场东配楼四层
邮 编：100005
电 话：发行部：（010）65255876
总编室：（010）65252135-8043
印 刷：廊坊飞腾印刷包装有限公司
经 销：各地新华书店
版 次：2015 年 10 月第 1 版
2015 年 10 月第 1 次印刷
开 本：787 毫米 ×1092 毫米 1/16
印 张：8
字 数：200 千字
定 价：32.00 元